国内外经典教材辅导系列·中文类

叶蜚声、徐通锵《语言学纲要》（修订版）笔记和考研真题详解（第2版）

主编：圣才考研网

www.100xuexi.com

中国石化出版社

内 容 提 要

本书是普通高等教育“十一五”国家级规划教材《语言学纲要》(修订版，叶蜚声、徐通锵主编)的学习辅导书。本书遵循最新版的章目编排，共分为10章(含导言)，每章由两部分组成：第一部分为复习笔记，总结本章的重难点内容，同时对重要知识点进行点拨；第二部分为考研真题与典型题详解，精选详析了部分名校近年的考研真题，并针对该教材的重难点整理了相应的典型题，并提供参考答案。

圣才考研网(www.100xuexi.com)提供叶蜚声、徐通锵《语言学纲要》网授精讲班【教材精讲+考研真题串讲】、电子书、题库。购书即可享受大礼包增值服务【本书电子书+名校考研真题及详解电子书+考研专业课咨询服务】。手机扫码(本书封底)免费领取本书大礼包。

图书在版编目(CIP)数据

叶蜚声、徐通锵《语言学纲要》(修订版)笔记和考研真题详解/圣才考研网主编.—2版.—北京:中国石化出版社,2018.1(2021.7重印)
国内外经典教材辅导系列·中文类
ISBN 978-7-5114-4215-4

Ⅰ.①叶… Ⅱ.①圣… Ⅲ.①语言学-研究生-入学考试-自学参考资料 Ⅳ.①H0

中国版本图书馆CIP数据核字(2018)第020276号

中国石化出版社出版发行
地址:北京市东城区安定门外大街58号
邮编:100011 电话:(010)57512500
发行部电话:(010)57512575
http://www.sinopec-press.com
E-mail:press@sinopec.com
武汉市盛宏源印务有限公司印刷
全国各地新华书店经销
*
787×1092毫米16开本10印张248千字
2018年4月第2版 2021年7月第2次印刷
定价:48.00元

序　言

我国各大院校一般都把国内外通用的权威教科书作为本科生和研究生学习专业课程的参考教材，这些教材甚至被很多考试(特别是硕士和博士入学考试)和培训项目作为指定参考书。为了帮助读者更好地学习专业课，我们有针对性地编著了一套与国内外教材配套的复习资料，并提供配套的名师讲堂、电子书和题库。

叶蜚声、徐通锵所著的《语言学纲要》(修订版)是我国众多高校采用较多的语言学经典教材，也被众多高校指定为“语言学”专业考研参考书目。

作为该教材的辅导书，本书具有以下几个方面的特点：

1. 整理名校笔记，浓缩内容精华。每章的复习笔记以叶蜚声、徐通锵《语言学纲要》(修订版)为主，结合其他语言学经典教材，并参考了国内名校名师讲授《语言学》的课堂笔记，对该章的重难点进行了整理，同时对重要知识点进行点拨，因此，本书的内容几乎浓缩了该科目的知识精华。

2. 精选考研真题，强化应试能力。为了强化考生运用知识进行解题的能力，本书精选了部分名校近几年的语言学考研真题，并提供参考答案。所选考研真题基本涵盖了各个章节的重点和难点。

3. 归纳典型试题，巩固专业知识。为了进一步巩固对专业知识的复习效果，本书还特针对该教材的重难点相应整理了典型常考题，并对相关知识点进行延伸，以达到高效复习的目的。

与本书相配套，圣才考研网提供叶蜚声、徐通锵《语言学纲要》网授精讲班【教材精讲+考研真题串讲】、电子书、题库。

要深深牢记：考研不同一般考试，概念题(名词解释)要当作简答题来回答，简答题要当作论述题来解答，而论述题的答案要像是论文，多答不扣分。有的论述题的答案简直就是一份优秀的论文(其实很多考研真题就是选自一篇专题论文)，完全需要当作论文来回答！

购书享受大礼包增值服务。手机扫码(本书封底)免费领取本书大礼包。具体包括：①本书电子书(手机版、电脑版)；②全国名校语言学考研真题及详解；③考研专业课咨询服务。

圣才考研网(www.100xuexi.com)是圣才学习网旗下的考研考博专业网站，提供考研公共课和全国500所院校考研考博专业课辅导【一对一辅导(面授/网授)、网授精讲班等】、电子书、题库、全套资料(历年真题及答案、笔记讲义等)、国内外经典教材名师讲堂、考研教辅图书等。

考研辅导：kaoyan.100xuexi.com(圣才考研网)
资格考试：www.100xuexi.com(圣才学习网)

圣才考研网编辑部

目　　录

导 言

0.1 复习笔记

一、语言学的对象和学科性质

(一)语言学的研究对象

语言学是以人类语言为研究对象的学科，探索范围包括语言的性质、功能、结构、运用和历史发展，以及其他与语言有关的问题。语言学研究的对象是客观存在的语言事实。

1. 语言现象

作为人类社会精神交流的普遍现象，语言现象很早就被纳入研究视域。

(1)一些古代神话传说已经反映出古人对于语言在交流信息以及沟通思想过程中所发挥的作用有所认识。

(2)几大古代文明如中国、古印度、古希腊－罗马，那时的哲学家们都开展过对语言现象的研究。这些对语言的最初的理性认识产生了深远影响。

2. 语言学的发展过程

(1)古代的语文学

在古代，人们把语言的知识看作阅读古书的工具，利用语言的知识对古书进行注释和校勘，帮助人们阅读古代的典籍，由此产生了古代的语文学。古代语文学家研究古代书面语的语音、词汇、语法和文字的成果在文学、哲学、历史、逻辑等学科的文献阅读、整理中起了重要的作用。

(2)语言学三大发源地的成就

中国、印度和古希腊－罗马被学界公认为语言学的三大发源地。

表 0－1 语言学三大发源地的成就

要点	具体内容
中国	①文言是中国古代具有正宗地位的书面语言，具有口头语言无可比拟的典雅性和简洁性。自先秦开始，文言便作为古代正统文学所使用的语言为后世所沿袭。“五四”白话文运动开展之前，正式的书面语一直使用文言文的形式。 ②训诂学、文字学、音韵学是中国古人研究语言文字的三门学问，统称“小学”
古代印度	①古代印度的语言研究主要是解读经典。这些经典主要是宗教典籍，所用的语言是古代的梵语。最初这些经典是靠口耳相传，后来由文字记载。 ②古梵文的语音、语法与古印度口语表达之间的巨大差异性促使学者加紧了对语音、语法的研究
古希腊－罗马	①古希腊哲学家在语法研究方面取得辉煌成就，自柏拉图起，古希腊人就不断地对古希腊语的词和句子进行语法分析。为了保存《荷马史诗》等典籍的需要，在亚历山大里亚出现了注释、考证、校勘《荷马史诗》等古代文献的语文学派。大约在公元前 1 世纪，特拉斯把前人的研究成果编成了《语法术》，形成了比较系统的古希腊语语法。 ②古罗马在继承古希腊语言研究的基础上形成系统化的书面拉丁语研究。西欧各国在正式的场合都使用古典拉丁语，这种现象持续了一千多年。语言研究主要围绕拉丁语进行，语法、修辞、逻辑成为学校传授的主课，编出了种种语法、词典和读本，逐渐形成了传统的西方语言学

（二）语言学的学科性质

1．语文学时期的语言研究不是独立的学科

（1）语文学时期的语言研究首先关注的是反映在古代书面文献中的古代思想观念、政治制度等。

（2）语文学时期语言研究的直接目的是解读古典文献，而不是自觉地探索语言自身的规律。

（3）较之于现代语言学研究方法的系统性、对语言规律把握的全局性以及对于理论分析描述的全面性而言，语文学时期的语言研究则呈现出零散而不成系统的特点。

语文学关于发音、语法、词义的知识为语言学的产生奠定了基础，至今仍是语言学的基本内容；但语文学时期的语言研究还不是独立的学科。

2．语言学成为一门独立学科的标志

19 世纪，语言自身独有的发展规律被广泛认识，形成了历史比较语言学，标志着语言学不再是其他学科的附庸，已经成为一门独立的学科。

3．语言学作为一门现代科学的形成

20 世纪初期，“现代语言学之父”索绪尔在其《普通语言学教程》中区别了“语言”和“言语”，并指出语言学的研究对象是基于共同意识的、潜存于某一社会集团全体成员大脑中的语言体系。这奠定了现代语言学理论体系的基础，语言学从此成为一门现代科学。

【名师点拨】对于这一部分内容，考生需从整体上认识语言学的历史发展脉络与性质特征。

4．语言需要从多角度、多方面进行研究

语言系统大致可以分为语音、语法、语汇等几个子系统。

（1）共时语言学，又称静态语言学、描写语言学，致力于研究一种或多种语言在特定发展历史阶段的状态。

（2）历时语言学，又称演化语言学、历史语言学，致力于研究语言在较长历史时期内所经历的发展变化。

（3）语言研究不仅限于在一种语言的内部进行深化，也可通过不同语言之间的横向比较，从而在普遍意义上探求语言内部的共通规律。

5．理论语言学及其任务

理论语言学是语言学学科的主体，包括专语语言学（又称个别语言学）和普通语言学，其中专语语言学又分为历时语言学和共时语言学；普通语言学探讨人类语言一般的性质和普遍的结构规律、发展变化以及语言研究的方法、语言学与其他学科的关系等问题。理论语言学从具体的语言现象中总结、归纳出普遍的系统的理论和规律，并用以指导各个具体语言的学习研究。

与理论语言学相对的是应用语言学，主要是运用语言学的理论和方法解决语言在社会生活的应用中产生的问题。

6．语言与人类自身以及社会环境存在着密切关联

（1）语言渗透到社会生活、生产的各个角落，人类须臾离不开语言，因此，人类有必要把与自己息息相关的语言的性质、结构和发展规律认识清楚，从而掌握它。

（2）由于语言与人类社会生活的方方面面相关，语言学就会与其他多种学科有密切的联系，从而出现了诸如社会语言学、数理语言学、心理语言学以及神经语言学等新的分支。

(3) 世界已经进入信息时代，自然语言的信息处理已经发展成为一门语言学、数学和计算机科学共同参与的新兴交叉学科。语言是传递信息的重要工具，因而，语言研究的成果直接关系着自然语言信息处理的进展。

二、语言学在科学体系中的地位

（一）语言研究的最根本问题

在语言交际的过程中，大体上可以分为“编码——发送——传递——接收——解码”五个阶段。语言学关心的核心是编码和解码的过程，涉及对语言结构本体的研究，包含形式和内容。可以说，语言形式与内容的关系，是语言研究的最根本问题。

（二）语言学研究的多学科性

要真正把语言交际的过程认识清楚，需要各门学科的配合和协作。一方面，语言活动无可避免会涉及社会、心理、物理等诸多领域，从多学科角度研究有助于全面认识和把握语言的多方面特性；另一方面，人类生活的诸多领域都需要语言的参与，各学科基本概念的研究也需要建立在语言逻辑的基础上。

（三）语言研究和其他人文学科的密切关系

1. 在语言学成为一门独立学科之前，语文研究作为哲学、逻辑学等传统人文学科研究的一部分，其研究成果对人文学科的发展产生了重要的推动作用，而不同的人文学科也从不同的视角观察并解释语言，揭示着语言本身的奥秘。

2. 当语言学成为独立学科后，这些传统的人文学科和语言学之间仍有着千丝万缕的联系。历史学、考古学、社会学、人类学等人文社会学科也在很大程度上受益于语言学的研究成果。

（四）语言学和各时代的自然科学思潮的密切相关性

1. 在 19 世纪浪漫主义思潮的影响下，出现了追溯语言源头和历史的历史比较语言学，它通过比较具有亲缘关系的语言之间的差异性来构拟原始语，从而探索语言的历史演变规律。这一思维展示出与生物进化论的相似性。

2. 20 世纪初的语言结构思想与科学的整体论思想息息相关。

3. 20 世纪下半叶，语言学和信息科学、认知科学、数理逻辑等学科表现出前所未有的密切关联。这些不同的学科在研究取向、理论方法和阐释方式上都直接影响了语言学研究，它们的发展也亟待语言学的研究成果为其提供必要条件。

（五）语言学是自然科学和人文社会科学联系的桥梁

1. 语言学是一门多边缘、多层次的立体性学科，与文学、哲学、人类学心理学等人文社会科学以及计算机等自然科学有着密切的关联。随着人类进入信息时代，语言学在信息处理技术上占有重要地位，日益成为沟通自然科学和人文社会科学的桥梁。

2. 作为研究人类人文本质的学科，语言学的发展能够带动科技的发展，在生物或心理层面上反映人类高度演化的心智能力，在社会文化层面上反映人类文明进步。语言学就是要研究人类最核心本能的语言能力，透过对口语、书面语甚至手语进行分析和研究，进而了解人类的本质。

三、语言学的应用价值

语言学的研究成果在人类社会生活中有着广泛而重要的应用价值。

表 0-2　语言学的应用价值

要点	具体内容
在继承传统文化、语言文字教学、跨文化交流中的价值	①语言研究为解读古代经典和继承传统文化提供了基本保证。 ②语言文字教学能在对语言规律及语言现象理性认知的基础上，直接应用语言研究成果，从而有计划、系统性地提升人们的语言能力。 ③在跨文化交流语境下，语言研究可以为不同语言中的口语与书面语体的翻译研究工作提供助益
在科学技术发展中的价值	语言学的研究成果不仅在逻辑学、心理学等人文学科中起着重要作用，而且在神经生理学、信息科学等自然学科中也产生了重大影响，此外，语言学的研究成果也促使形成了许多交叉学科，如社会语言学、神经语言学等
在国家政府制定有关语言的政策法规上的价值	语言学研究的成果为国家语文政策的制定提供参考和依据，如民族共同语的确定和规范、文字的规范等

【名师点拨】随着社会发展和科学体系的完善，语言学的应用价值越来越广泛。考生需基本掌握“语言学的应用价值”。

0.2　考研真题与典型题详解

一、填空题

1. 语言学研究有三大传统：______的小学传统，______传统和古印度传统。[中山大学2012年研]

【答案】中国；古希腊-罗马

【解析】由于中国、古印度、古希腊-罗马具有悠久的文明并最早进行了语言方面的研究，而且取得了对后世有着重要影响的研究成果，故被学界视作语言学的三大发源地。

2. 对语言进行一个横断面的研究而不是从历史的角度，叫______语言学。[北京语言大学2010年研]

【答案】共时

【解析】共时语言学是指描写语言每个子系统在某一个特定时期的共时状态和不同子系统之间的关联，是对语言进行的一个横断面的研究；它与历时语言学相对。

3. 现代汉语属于______语言学，汉语史属于______语言学。[北京语言大学2011年研]

【答案】共时；历时

【解析】对现代汉语的研究重点关注的是语言内部不同子系统之间的关联以及共时状态，属于共时语言学研究的范畴；对汉语史的研究重点是研究语言内部各子系统的历时变化及其在历时变化中与其他子系统之间的内在关联，属于历史语言学研究的范畴。

4. 索绪尔被誉为“现代语言学之父”，是______语言学的奠基人，______是转换生成语言学派的创始人。[北京师范大学2014年研]

【答案】结构主义；乔姆斯基

【解析】索绪尔是结构主义语言学的奠基人，《普通语言学教程》是他的代表性著作，集中体现了他的基本语言学思想，对20世纪的现代语言学研究产生了深远的影响。乔姆斯基是转换生成语法的奠基人，《句法结构》被认为是20世纪理论语言学研究上最伟大的贡献。

5. 20个世纪40年代北京语言学界诞生了三部重要的汉语语法学著作，分别是______、______和______。［北京师范大学2014年研］

【答案】《中国文法要略》；《中国现代语法》；《中国语法理论》

【解析】在20世纪40年代，北京语言学界产生了三部重要的汉语语法学著作，分别是吕叔湘的《中国文法要略》（1942）和王力的《中国现代语法》（1943）、《中国语法理论》（1944）。这批著作的问世，突破了自19世纪末马建忠的《马氏文通》以来因袭英语语法框架的格局，为汉语语法体系的建立奠定了基础，因此，在现代汉语语法史上占有重要的地位。

二、名词解释

1. 共时语言学［山东大学2022年研］

答：共时语言学，又称描写语言学、静态语言学，与历时语言学（又称历史语言学、演化语言学）相对，是由索绪尔创立的一门语言学。共时语言学往往选取语言的某一个历史阶段，描写这个阶段的语言的状态，包括切分语言单位、整理语言单位之间的关系、概括语言的结构规则、揭示语言的各组成部分之间的联系，如现代汉语（“五四”以来的汉语）研究。

2. 索绪尔［浙江师范大学2024年研；南京师范大学2018年研；首都师范大学2013年研］

答：索绪尔是现代语言学的重要奠基者，也是结构主义的开创者之一。他被后人称为“现代语言学之父”。《普通语言学教程》是索绪尔的代表性著作，集中体现了他的基本语言学思想，对20世纪的现代语言学研究产生了深远的影响，语言学从此成为一门现代科学；由于其研究视角和方法论所具有的一般性和深刻性，书中的思想成为20世纪结构主义哲学流派的重要思想来源。

三、简答题

分析语文学和语言学之间有什么相同点和不同点。［南开大学2011年研］

答：语文学是语言学研究的早期形式，两者有着一定的相同点和不同点。

（1）相同点

语文学和语言学都是对语言进行的描述和记录，语文学是语言学系统研究的开始。

（2）不同点

①研究对象不同

a. 语文学研究古代书面语，是经学的附庸，致力于对古典文献做出解释，探究文本背后的思想意识及政治制度，对语言本身的内在规律并不感兴趣，这必然使人们对语言的认识受到限制。如中国传统语言研究主要是抓住汉字，分析它的形体，探求它的古代读音和意义。

b. 语言学是以人类语言为研究对象的学科，探索范围包括语言的结构、语言的运用、语言的社会功能和历史发展，以及其他与语言有关的问题。如中国现代语言学以研究白话文和口语为主，相较于语文学，其研究的范围大大拓宽。

②研究方法的差异

a. 语文学的研究是零散的，不成系统的。

b. 语言学无论从研究方法、研究对象还是研究角度上都呈现出系统性、全局性以及全面性等特征。

③地位的差异

a. 语文学的局限使得它必须附庸在其他学科上，不是一门独立的学科。

b. 语言学是在语文学基础上产生的一门独立的学科，并且还与越来越多的学科交叉在一起。

四、论述题

1. 索绪尔在《普通语言学教程》中提出如下观点：系统性只存在于共时语言学，不存在于历时语言学中。请你结合语言事实谈谈对这种观点的认识。［北京师范大学 2014 年研］

答：索绪尔认为，语言的系统性主要体现在语言符号的系统性和语言是一个价值系统这两个方面。

(1)语言符号的系统性首先体现在语言符号的组成是分层级的。语言符号是音与义的结合体，而音处于最下层，音位是语音子系统的最小单位，音位按照一定的规则组合成更大的单位——音节，它们构成语言系统的音系层。

(2)语素与语素组成的更大单位是形式和意义结合的语言符号，属于语言层级装置的上层——语法层，这一层又可以分若干级；第一级是语素，是语言中音义结合的最小结构单位；第二级是由语素组合构成的词；第三级是由词构成的词组或短语；第四级是由词组成短语构成的小句；第五级是小句构成的句子。词和句子都是符号的序列。

(3)语言符号的系统性还体现在其运转规则上，即组合关系与聚合关系。组合关系是指若干较小的语言单位组合成较大的语言单位，其构成成分之间的关系又称线性序列关系。聚合关系是指具有相同组合功能的语言单位之间的关系，又称联想关系。具有相同聚合关系的语言单位，就构成某种聚合类，即功能类。组合是横向的，聚合是纵向的；组合是第一性的，聚合是第二性的。语言符号是一个严密的系统。

(4)语言是一个价值系统，语言的各个要素之间都有连带关系，且各项要素都是由于其他各项要素的存在才有意义。例如，音位的对立，汉语普通话把［p］和［p^h］看作不同音位，是因为它们在汉语普通话的系统中具有区别意义的价值，而它们在英语中是同一个音位，是由于两者在英语的系统中不区别意义，不存在价值。同时，语言中各个要素的改变都会影响到其他要素，最终导致语言系统的演变。如汉语在发展过程中逐渐产生了量词，进而形成固化的数量名结构，数词不再能与名词直接搭配，造成了词类系统和语法系统的变化。

(5)索绪尔主张的系统性只存在于共时语言学，是从“语言是一个价值系统”这个角度衡量的，即价值只能在共时的层面上谈论。例如，在古代汉语中“涕”代表眼泪，“泗”代表鼻涕，而在现代汉语中，“涕”代表鼻涕，而“泗”已经不再使用了，人们只能在古代汉语、现代汉语这两个共时层面上分别探讨“涕”“泗”的价值，而不能跨越共时来看。在任何情况下，只要是对系统的研究，都需要立足于共时的平面，因为索绪尔强调的是要素在系统中的价值，而非某个要素的价值是如何演变的。

(6)语言无时无刻不在发生着变化，因此共时系统也只能是相对的，比如人们研究古代汉语，包括从先秦一直到“五四”之前的汉语，但对其中要素价值的研究，也只能寻找一个相对共时的平面，例如，“物色”一词在先秦时期意指绢帛一类的丝织品，由于人们认为拥有绢帛意味着地位高，以“物色”为礼品代表对要求见的人的尊重，到唐代时开始与“求”共用，到南宋时已经能够代表“寻找”的含义了，但具体在唐朝这百余年的时间里，“物色”一词在词汇系统中的价值是怎样的已经不得而知。

因此，索绪尔这句话应当理解为：系统性只存在于研究者所能接触到的最近似于共时的平面上，也就是相对的共时系统上。学者们对索绪尔的质疑多是源于将“共时”当作绝对的共时系统来看待而造成的。

2. 请谈谈你所了解的社会语言学的研究对象、途径、目标。[中国传媒大学2013年研]

答：社会语言学是20世纪60年代在美国兴起的一门边缘学科，主要是指运用语言学和社会学等学科的理论与方法，从不同的社会科学的角度去研究语言的社会本质和差异的一门学科。社会语言学的代表人物有索绪尔、海姆斯、祝畹瑾、陈原等。

(1)社会语言学的研究对象

社会语言学，既与社会有关也与语言有关，是研究语言与社会相互关系的学科。韩礼德把社会语言学分为宏观社会语言学和微观社会语言学。

①宏观社会语言学主要研究语言中的整体性、全局性的问题，包括语言与民族、一个国家的语言政策、语言规划、语言的规范化等，把语言问题当作一个重要的社会问题来看待，例如我国推广普通话的语言政策和保存少数民族语言的政策。

②微观社会语言学主要研究个体的、局部性的问题，例如研究社会因素、个人因素引起的个人语言变异。

社会语言学的很多研究都需要将两者结合起来。

(2)社会语言学的研究途径

具体学科的方法论是关于该学科的研究方法的基本理论和原则，由该学科的性质、对象和任务决定。社会语言学是研究语言与社会共变关系的语言科学，主要通过对语言变异现象的研究来揭示语言的使用随着社会条件的变化而发生变异的规律。具体研究途径有：

①抽样调查法

a. 随机抽样

第一，简单随机抽样：即在全部对象中用抽签或参考随机数表的方法来确定样本。

第二，系统抽样：又称等距抽样，即在对象序列中规定每隔若干选取一个样本。总体对象的排序最好选择与因变量和自变量不相关的方式，以保证抽样的随机性。

第三，分层抽样：又称类型抽样，即把总体对象按其内部的某些特征区分为不同的层次或类型，然后再分别按比例抽样。例如，少数民族群众对普通话的语言态度。

第四，阶段抽样或分组阶段抽样：即先把对象总体按内部特征分成若干组，然后从各组中随机抽取一定数量的样本，形成样本组，再从样本组中随机抽取调查的样本。例如，大规模、复杂的语言生活调查。

b. 非随机抽样

第一，偶然抽样：调查人员在特定的场合下，把偶然遇到的对象作为调查样本。

第二，比例抽样：根据调查项目确定调查对象的比例，再按比例从总体中抽取样本。

第三，判断抽样：调查者根据常识或逻辑进行判断，决定抽取样本的范围、数量等。

②社会调查法和科学实验法

a. 问卷调查法：通过设计、发放书面形式的调查问卷进行社会调查。问卷的关键在于设计要合理。

b. 访谈法：直接与被调查者交谈获得材料。主要弊端是受访者在访谈中十分注意自己的说话方式，所以获得的语料与平常使用的有差别。

c. 观察法：通过直接观察研究对象的言语行为以获取材料的方法，分为隐蔽观察法和参与观察法。观察法不仅是“用眼睛看”，而且是听、问、记、体验、理解等综合观察的过程。

d. 实验法：运用一定的实验条件和物质手段有计划地干预、控制或模拟语言现象，以取得一些研究资料。主要用于测试人们对某种语言现象的态度或反应。

(3)社会语言学的研究意义

①理论上

a. 拓宽语言学的研究领域，对语言提出了一种更为细致同时又更为有用的概念。社会语言学认为语言不是单一的，是有变化的，其着眼点是语言的外部关系，而传统语言学的研究仅限于语言的内部关系。

b. 提出了语言研究数量化的概念。

c. 在历时和共时之间提出了一个中间概念，把稳态研究和动态研究结合起来。

②实践上

a. 从语言国情出发，为制定语言政策提供理论依据，有助于解决一些因语言而引起的社会问题。

b. 为语言教学提供理论和资料，有助于语言在特定环境里的使用，有助于师生把注意力集中到真实的交际场合。

c. 从研究语汇的出现、变化、派生和潜藏等语言现象着手，去探索社会生活的变动，是可能的、必要的，有助于认识社会文化和历史。

总之，社会语言学是语言学家走出象牙塔，走出经院，深入到社会，深入到人民群众中的产物。它促使人们用一种新的眼光审视语言。

3. 为什么印欧语语法理论不完全适合汉语语法的研究？[中山大学2014年研]

答：印欧语法理论不完全适合汉语语法的研究，主要是因为与印欧语言相比，汉语语法有其自身比较独特的特点，主要表现在：

(1)语序和虚词是表达语法意义的主要手段。例如，“不很好”和“很不好”，因语序不同，所表示的意义也不一样。在“我和弟弟”“我的弟弟”中，“和”表示并列关系，“的”表示偏正关系，由于虚词“和”与“的”的不同，所表示的语法关系和意义也不相同。

(2)词、短语和句子的结构原则基本一致。语素组成词，词组成短语，短语组成句子，都有主谓、动宾、补充、偏正、联合五种基本语法结构关系，例如，词“地震”、短语“身体健康”、句子“火车开动了”都是主谓结构。

(3)词类和句法成分不是简单的对应关系。在汉语中，词类和句法成分之间不像印欧语那样，有着一一对应的关系。汉语中词类和句子成分的关系比较复杂，同一词类可以充当多种句法成分，词在语法方面呈现出多功能性；反之，同一种句子成分又可以由几类词充当。

(4)词类丰富，有量词、语气词等。数词和名词结合时，一般都需要在数词的后面加个量词。不同的名词所用的量词也往往不同。如“一个人、一头牛、一张纸、一粒米”等。语气词常出现在句末，表示各种语气的细微差别，如“是他吗？”“是他吧？”“是他呢。”

此外，印欧语法也有其自身独特的特点，表现为表达语法意义的主要手段是形态。所谓形态，就是词的内部变化形式，包括构词形式和词形变化的形式，如内部屈折、词缀、零形式、异根式等，这些都跟汉语语法有很大的不同。

综上所述，由于汉语语法和印欧语语法有着各自不同的特点，因而不能在语法研究方面采用完全一样的方法。

第1章 语言的功能

1.1 复习笔记

一、语言的社会功能

(一)语言的信息传递功能

1. 信息传递功能

语言的社会功能中最基本的是信息传递功能，体现在语言上就是内容的表达。

2. 语言之外的其他信息传递形式

(1)面部表情、手势、躯体姿态等非语言的形式独自传递的信息有限，多半是辅助语言来传递信息。

(2)文字是建立在语言基础之上的再编码形式。

(3)旗语之类是建立在语言或文字基础之上的再编码形式。

因此，语言是人类社会信息传递第一性的、最基本的手段。

(二)语言的人际互动功能

1. 语言是最重要的交际工具

社会中的人们是互相联系、互相依存的，人与人之间需要交流思想、传递信息、表达感情、沟通关系。社会能够存在和发展的基本条件之一，就是需要各种交际工具来使社会成员能够相互沟通、彼此协调，否则人类的社会联系便无法维持。在各种交际工具中，语言是最重要的交际工具。

2. 信息交流过程

一般认为，人与人之间的交际可以看作一个信息交流过程。在交际过程中，说话人有一定的信息要传输给受话人，这时说话人首先将信息进行语言编码，然后通过一定的媒介进行传输，受话人接收语言编码后再进行解码，获取信息。这样就完成一个信息传输过程。如果受话人进行反馈，那么受话人变成说话人，刚才的说话人成为了受话人。这样就完成了一个信息传输的往复过程。

二、语言的思维功能

(一)语言和思维的关系

1. 思维功能是语言功能的另一重要方面

人们不但在交际中要运用语言，就是在进行思维、形成思想的时候也要运用语言。思维必须在语言材料的基础上进行。所以，语言不但是交际工具，而且是思维工具。

2. 思维和语言密切相关性

语言是思维的工具和贮存所，思维的过程需要语言参加，思维的结果也需要借助语言来巩固。

表1-1　思维和语言密切相关的表现

要点	具体内容
从思维的形式上看	①语言是思维活动的动因和载体，是思维成果的贮存所。 ②概念、判断和推理这些思维的基本形式都要依靠语言。概念表达要依托词语，判断和推理要在话语中实现。像数学符号那样的表达形式也以语言为基础
从思维的过程上看	①思维是一个信息加工的过程，是知识的认知、获取和运用的过程。客观的现实通过认知转化为主观化的信息必须有一套符号。 ②语言在信息处理过程中的信息输入环节、信息匹配环节起着主要作用，在对输入信息进行特征分析的环节中也起着重要作用
从思维的生理机制上看	①大脑中有专门控制语言功能的区域，和人的抽象思维能力密切相关。 ②认知神经语言学研究大脑在接受和处理语言信息的过程中，通过神经回路的语言信号的发生和变化机制及相关应用

(二)语言思维功能的生理基础

1. *大脑的左右分工*

人脑由大脑左右半球、脑干、小脑和间脑这四个部分组成。

(1)左半球管右半身的动作；掌管抽象概括的思维、语言功能以及相关的计数、分类、推理等功能。

(2)右半球管左半身的动作；掌管艺术感知、面貌识别、立体图形识别、整体把握力与内在想象力等功能。

(3)“脑桥”(神经纤维)连接两个半球，实现互相的沟通。

2. *大脑的其他具体功能分区*

大脑皮层不同的区域有不同的机能，形成了不同的中枢，大脑皮层外侧面重要的中枢主要有：眼球协同运动中枢、躯体运动中枢、躯体感觉中枢、视觉中枢以及听觉中枢。此外，大脑有人类特有的语言功能区：

表1-2　大脑语言功能区

要点	具体内容
说话中枢	①又称布洛卡区，在大脑左半球前部。 ②说话中枢主管语法信息的处理和言语生成。当其受到损伤时，病人说话会出现不同程度的障碍，甚至丧失语言能力
书写中枢	①在大脑左半球前部，靠近布洛卡区。 ②书写中枢受到损伤时，听说能力都不受影响，但书写、绘画等精细运动发生障碍，甚至丧失书写、绘画能力
视觉性语言中枢	①在大脑左半球的后部，具有阅读理解功能。 ②视觉性语言中枢受到损伤时，能看却不能理解过去已经认识的文字符号，阅读发生障碍，为失读症
听觉性语言中枢	①在大脑左半球的后部，靠近视觉性语言中枢。 ②听觉性语言中枢主管语义处理和言语理解。当其受到损伤时，病人虽能讲话，但言语混乱，常常答非所问，或能听到别人的话但不能理解话语的意义，为失语症

(三)儿童语言习得与思维的发展

1. 学话的过程实际上是认识世界、发展思维的过程

(1)词汇的掌握和词汇量的发展方面

儿童语言习得过程中词汇的发展主要表现为词汇数量不断增加、词汇内容不断丰富、词类范围不断扩大以及积极词汇不断增加。在这一过程中，不仅其语言能力得到了提高，认知能力也得到了发展。

(2)语法掌握方面

语法的掌握分为三个阶段：首先是独词句，其次是双词句和实词句，进而掌握表示语言单位之间关系的虚词。这表明孩子在学习语言的道路上逐步摆脱事物具体形象的影响而愈来愈注意语言本身。

2. 儿童语言习得必须具备的条件

(1)先天生理基础

最重要的就是大脑的结构和功能。

(2)外界社会条件

大脑的语言潜能只有生活在正常的语言环境中才能得到开发。

(3)最佳习得时间

如果儿童在十二三岁之前没有机会学习语言，那么此后就不能像正常人那样自如地运用语言了。

(四)关于聋哑人的语言和思维

表1-3　聋哑人能够思维的原因

要点	具体内容
聋哑人有健全的大脑和发音器官	聋哑人和常人一样，生活在人类社会中，有健全的大脑和发音器官，他们主要是因为耳聋听不见别人说话，才学不会语言。一旦恢复或获得了听觉，聋哑人也就可以逐渐学会说话
可以通过别的感觉器官传递信息	人的个别器官的缺陷，在适当条件下可以从其他器官得到补偿，以保持人的生理机能的协调。聋哑人有除听觉以外的各种感觉器官的活动，他们都生活在人类社会中，所以他们能够凭借视觉、触觉、味觉、嗅觉相当正确地理解周围的环境，靠手势和表情也能进行一些交际

(五)思维能力的普遍性和思维方式的特殊性

表1-4　思维能力的普遍性和思维方式的特殊性

要点	具体内容
思维能力的普遍性	①思维是大脑的机能，人类大脑的构造是一样的，因而都具有思维的能力。 ②语言是思维的工具，工具的性质不能决定它所服务的思维过程的性质。语言的差别，不妨碍概念、判断、推理的形成，持不同语言的人都可以用各自的语言进行思维
思维方式的特殊性	①世界上有几千种语言在不同的社会群体中使用，这些不同的语言既有共同性也有差异性。思维的过程伴随着语言的运用，语言的差异会导致思维方式的差异。 ②思维方式的差异首先体现在语言中的词汇反映出该语言社群对现实世界的概念分类；思维方式的差异更多地体现在不同语言在表达思想时语法方面的不同特点

1.2　考研真题与典型题详解

一、填空题

1. 语言功能区主要存在于人类大脑的______半球。[中山大学 2012 年研]

【答案】左

【解析】人类的左右大脑各有分工。左半球掌管抽象的、概括的思维，控制着语言功能以及相关的计数、分类、推理等功能。大脑右半球在音乐等艺术感知、人的面貌识别、立体图形的识别、整体把握能力、内在想象力等方面起着主要作用，掌管不需要语言的感性直观思维。

2. 人类大脑的生理构造都一样，所以人类的思维______具有普遍性，但通过对语言差异的分析又可以看到人类思维______的特殊性。[中山大学 2012 年研]

【答案】能力；方式

【解析】人类大脑的生理构造都是一样的，没有民族性，因而大脑的功能——思维能力也没有民族性，全人类都一样，人类思维能力的普遍性与语言能力的普遍性是一致的。思维是一个信息加工的过程，是知识的认知、获取和运用的过程。语言在这个过程中起着十分重要的作用，世界上有几千种语言在不同的社会群体中使用，语言的差异会导致思维方式的差异。

3. 语言，就其结构而言，它是以______为物质外壳，以______为建筑材料，以______为结构规律的一种音义结合的______。作为一种交际工具，语言最重要的社会功能是其______功能。[首都师范大学 2012 年研]

【答案】语音；词汇；语法；符号系统；人际互动

【解析】语言的三要素是语音、词汇和语法，语音是物质外壳，词汇是建筑材料，语法是结构规律，语言本身也是一种音义结合的符号系统。语言的社会功能有信息传递功能和人际互动功能，而作为交际工具，语言最重要的社会功能是人际互动功能。

二、选择题

下面说法中不正确的是(　　)。[中国传媒大学 2012 年研]

A. 中国、印度、古希腊是语言研究的三个发源地

B. 人的左脑是语言脑，掌管逻辑思维，右脑掌管形象思维

C. 英语中没有与“叔叔”“舅舅”直接对应的词是因为英语中没有这样的概念

D. 音位和音素不是符号

【答案】C

【解析】语言中的词汇反映出该语言社群对现实世界的概念分类。英语中没有与“叔叔”“舅舅”直接对应的词并不是因为没有这样的概念，而是因为英语对现实世界概念分类的不同。

三、名词解释

自然语言和算法语言[武汉大学 2011 年研]

答：(1)自然语言通常是指一种自然随文化演化的语言。例如，英语、汉语、日语为自然语言。有时所有人类使用的语言(包括自然随文化演化的语言以及人造语言)都会被视为“自然”语言，以区别于如编程语言等为计算机而设的“人造”语言。自然语言是人类交流和

思维的主要工具，也是人类智慧的结晶。

(2)算法语言是一种人与计算机“对话”的程序设计语言。计算机语言分为机器语言、汇编语言、高级语言。其中高级语言因其对具体的算法进行描述，又称算法语言。常见算法语言有 BASIC、FORTRAN、COBOL、PASCAL、C、C++、JAVA 等。

四、简答题

1. 为什么说语言的社会功能是语言的本质功能？[武汉大学 2013 年研]

相关试题：简述语言的社会功能。[中国海洋大学 2018 年研]

答：语言的社会功能是语言的本质功能，主要是由语言的性质和作用共同决定的。

(1)语言的本质

语言是一种社会现象，它随人类社会的产生而产生，随人类社会的发展而发展；语言作为一种社会现象，既不属于经济基础，也不属于上层建筑，它作为一种全民交际工具，一视同仁地为全体社会成员服务。

(2)语言是人类最重要的交际工具

语言在所有交际工具中使用范围和使用领域最广，人类社会时时刻刻都离不开语言；语言是其他交际工具的基础，其他交际工具代表的都是语言信息。旗语、电报等交际工具大多是在语言和文字的基础上产生的，各有其特殊的服务领域，使用的范围相当狭窄，都是只适用于某些特殊领域的辅助性的交际工具。

(3)语言是人们建立或保持社会联系的基本纽带

语言与社会有着十分密切的联系。一方面，语言依存于社会，语言符号是由社会群体共同创造的，语言符号的形式和意义之间的关系是由一定的社会群体共同约定的；另一方面，语言是人类社会最重要的交际工具，是社会联系最主要的纽带，特别是复杂社会不能没有语言，人与人之间的联系得靠语言来维持。没有语言，人与人之间的联系就会中断，社会就会解体。

2. 为什么说语言最重要的社会功能是人际互动功能？[中山大学 2011 年研]

答：语言的社会功能主要包括信息传递功能和人际互动功能。其中，人际互动功能是语言最重要的社会功能。之所以说语言最重要的社会功能是人际互动功能，主要是因为：

(1)信息传递功能是人际互动功能的基础，是为人际互动功能服务的。语言的社会功能中最基本的是信息传递功能，是社会中人与人交流的基本方式，语言发挥信息传递功能的目的就是为了更好地进行人际互动和交流。

(2)在真实语言环境中，使用语言不仅仅是传递一种信息，更多的是在发挥人际互动功能。语言的人际互动功能体现为建立或保持某种社会关联，主要包括两个方面：一方面，是说话者在话语中表达自己的情感、态度、意图；另一方面，这些又对受话者施加了影响，得到相应的语言或行动上的反馈，从而达到某种实际效果。

(3)在阅读写作中，语言也发挥着人际互动的功能。书籍、报刊上的“话语”似乎只是说话者的单向表达，但只要它们被阅读，每个阅读者就是这些“话语”的接受者，写作者和读者之间通过语言的书面形式进行着交流和互动。

(4)在话语环境中，只有说话人、没有受话人时，语言的人际互动功能仍然存在。例如，当一个人在呼天抢地地倾诉时，他其实是把天地当作受话者，他的语言也在表达着自我的情感和态度，发挥着人际互动功能。

总之，语言的社会功能中，信息传递功能是基础，为人际互动服务；而人际互动功能的发挥，正是语言联系社会的重要体现。所以，语言最重要的社会功能是人际互动功能。

3. 思维有哪些类型？它们与语言是什么关系？［中国传媒大学 2012 年研］

答：(1)思维的类型

思维一般分为三种基本类型，分别是：

①动作思维：是指从事某种活动时通过对现场情景的直观感知来控制和调整动作的思维。所凭借的思维工具是现场情景。

②形象思维：是指通过对事物形象的认识，在头脑中形成表象，并对这种表象进行想象等加工处理的思维。形象思维所凭借的思维工具是客观事物在大脑中反映之后所呈现的形象。

③抽象思维：是指运用某些抽象的符号对事物的性质、特征、关系等进行理性认识，形成概念、判断、推理等思维形式。抽象思维的工具是抽象符号，其最主要的工具是语言。

(2)思维与语言的关系

思维与语言相互依存。语言不仅是思维的工具，还帮助人们固定和保存思维的成果。抽象思维的成果是形成概念、判断和推理，这些理性认识的成果主要靠语言固定和储存，即使是形象思维的成果的储存往往也依赖语言。此外思维所产生的成果也需要语言来表达和传播。语言帮助思维工作的同时，又进一步促进思维的发展。

第2章　语言是符号系统

2.1　复习笔记

一、语言的符号性质

(一)语言和说话

1. 语言的有限性和无限性

(1)说话的行为和说出的话都属于语言现象，语言现象是无穷尽的。

(2)不同的词的组合可以构成不同的句子。句子是无限的，但组织这些话语的规则是有限的。

(3)语言学把有限的词汇和语法构成的无限的话语系统称为语言。

2. 语言和说话的区别

语言是由材料和规则形成的系统，说出来的一句一句的话和说话时所用的材料与规则是不同的。

(1)语言是全社会共同创造的财富，具有社会性，在选择材料和遵循规则时必须服从社会的习惯，因此，语言受到社会的规约，对每个语言使用者都具有强制性；而说话是个人现象，每个人说话都是自由的且具有个人特色。

(2)语言是现成的符号系统；而说话的内容则是利用语言系统临时创造的。

(3)由于词语和语法规则是有限的，因而语言具有有限性；而说话的内容可以自由组合创造，具有无限性。

【名师点拨】考生须准确掌握语言和说话的关系，结合实例识记语言和说话内容。说话和语言的区分是历年考研真题中的常考知识点。

(二)语言与符号

1. 符号的定义

符号是指用来表示某种意义的标记，包含形式和意义两个方面。前者是指用以代表事物或意义的、用感官可知的物质形式，后者是指符号所代表的事物或意义。

(1)形式和意义是符号不可分割的一部分，任何意义的表达都必须以某种形式为依托才能成为可感知的实体。

(2)符号的形式和意义都是一般性的。

(3)符号的形式和意义之间没有本质上的、自然属性上的必然联系。

2. 语言符号的性质

(1)人类所发出的声音是语言符号形式的第一性，基于其自然属性优势成为意义表达的物质载体。

(2)语言符号的意义是对它所指代的一类心理现实的概括。涉及心理现实与客观现实的关系，以及语言符号意义的概括性。

表 2－1　客观现实和语言符号的意义

要点	具体内容	
客观现实	定义	四维时空中外在于人的所有存在
	内容	当下和历史上所有的人物、事物、现象以及它们的相互关系及其变化。心理现实是经由符号化过程将人对客观世界的认知贮存在大脑中的
语言符号的意义	定义	认识活动的成果，代表一般的概念
	内容	语言符号的意义是一般的、概括的东西；既能指任何具体的个体，也能指概括程度不同的类

二、语言符号的系统性

(一)语言符号的任意性和线条性

表 2－2　语言符号的任意性和线条性

要点	具体内容
语言符号的任意性	①语言符号的任意性是指最初人们用某种语音形式去标记客观事物的选择是任意的，声音与意义之间没有内在或必然的联系。 ②不同的语言用什么样的语音表达什么样的意义各不相同。 ③同一个语言在不同的历史时期语音形式和意义的联系会发生变化。 ④具有任意性的语言符号之间的组合是非任意的，语言符号的音义具有一定的系统性，与符号系统中的其他音义相关联
语言符号的线条性	①不同于图表，人的发音器不能同时做两个发音动作，语言符号也只能一个一个按照先后顺序呈线性状态排列展示，因此语言符号具有线条性。 ②使人们要表达的复杂的意义都要通过符号序列的形式体现。 ③结构关系的不同是由符号的线性排序不同来表达的，语言结构规则隐含在这些线性序列中。 ④线条性是语言符号系统分析的基础

(二)语言符号的层级体系

1. 语言符号的层级装置

语言符号系统是靠一定规则下成分间的搭配和替换来增容扩量的，这个繁杂的系统可以被分成不同的层次，切成不同的单位。

2. 语言的分层情况

语言系统是一个多层级系统，包含着不同性质的大大小小的语言单位，根据单位性质可以分为上下两个不同的层次。

(1)单位大小的不同。词是最小的能够独立运用的语言单位，由语素构成，一个或几个语素构成一个词。词的上一级语言单位是句子，一个或多个词构成一个句子，句子是最小的语言交际单位。

(2)语言系统分为音系和语法两个层面。语言层级系统中，位于下层的是语言符号的形式层，即音系层；而位于上层的是音义结合的符号和符号组合层，即语法层。

3. 语言系统两层性的特点

语言系统两层性的一大特点是形式层的最小单位一定大大少于符号层的最小单位。

(3)组合关系和聚合关系

语言符号系统中单位与单位之间存在组合和聚合两种关系，正是由于这两种关系的存在，人类语言才具有表意的无限性。

表 2－3　组合关系和聚合关系

要点	具体内容
组合关系	①组合关系是语言符号的链条上各个符号之间的关系，具体说来就是句子内部词与词之间、词内部语素与语素之间的关系；在语言符号的链条上，不仅语言符号之间有组合关系，构成语言符号的音位和音位之间、意义和意义之间也有组合关系。 ②例如，“天”的语音形式是 tiān，t－i－a－n 四个音位之间就有组合关系
聚合关系	①聚合关系是具有某种共同特点的语言符号之间的关系，潜在于人们的脑海中，人们可以从语音、语法、语义任何一个角度给语言符号分类，同一类中各个语言符号之间的关系就是聚合关系。 ②例如，汉语的“笨、布、帮”等词的声母是 b，“路、壶、粗”等词的韵母都是 u，这些同声母或同韵母的词之间就有共同的聚合关系

【名师点拨】语言的符号性质和基本特征是本章中的重点，也是常考点。考生须熟记符号的基本构成和属性，理解符号系统性，重点掌握语言系统的层级装置以及组合聚合两种关系在语言运用中的地位。这部分内容理论性较强，可适当结合例证透彻理解。

三、语言符号系统是人类特有的

（一）人类语言符号和其他动物“语言”的根本区别

人类的语言符号是高度社会化的产物，是人类和其他动物分道扬镳的最后的也是最重要的标志。人类语言和动物“语言”之间的差异如下表所示：

表 2－4　人类语言符号和其他动物“语言”的差异表现

要点	具体内容
任意性	任意性是符号最重要的特征。人类语言的任意性体现为语言符号的音与义之间可以无限制地相对应。动物“语言”的任意性都局限于少量的形式和有限的意义
单位的明晰性	人类说出来的话是有界限清晰的单位的。动物的交际表现总是以一种叫声或动作表示一定的意思，无法由此切分为更小的、界限清晰的单位
结构的二层性	人类语言是一种两层的结构装置：音系层和语法层，这个分层装置依次以少数有规则地组成多数。动物“语言”无法划分出界限清楚的单位，因而不具备层级结构
能产性	人类语言的表达既不受任何内容的限制，也不受交际环境的限制。动物“语言”传递的信息则非常有限，交际方式及其所表示的意义可以一一列举
传授性	人类虽先天具备一定的语言能力，但语言的习得需要依靠成人在特定语言环境中的传授来完成。动物“语言”是与生俱来的本能，不用学习
不受时地环境的限制	人类能用语言说古道今，信息的传递不受当时当地环境的限制。动物“语言”是针对当下某个刺激做出的反应

（二）语言是其他动物和人类之间无法逾越的鸿沟

1．语言能力的特有性

语言是一种社会现象，是人类区别于其他动物的重要标志之一，为人类社会所特有的。

2．语言能力的生理基础

作为语言和思维的生理基础，精密的发音器官使人类能够灵活发音，高度发达的大脑使人类拥有高度抽象的思维能力和强大的记忆能力。这些都是其他动物所不具备的，因此其他动物无法掌握语言。

2.2 考研真题与典型题详解

一、填空题

1. ______和______是语言运转的两大关系。[北京师范大学2014年研]

【答案】组合关系；聚合关系

【解析】符号和符号组合起来，形成高一级的结构，处于高一级结构中的各个符号，称为结构的成分，结构中各个成分的关系称为“组合关系”。结构中能够替换的成分构成的类，其成员之间的关系称为“聚合关系”。组合关系和聚合关系是语言运转的两大关系，语言符号(词和语素)、音位、意义等都处于这两种关系之中。

2. 语言符号具有双重性的特点，既有______，也有______。[中山大学2011年研]

【答案】任意性；理据性

【解析】语言符号的任意性指的是声音和意义之间没有内在的或必然的联系，用什么声音来表示什么意义是社会约定俗成的。语言符号的理据性是指人们用什么语音形式表示某种语义内容是有某种依据、缘由的，语言结构与人类认知客观世界所形成的概念结构密切相关，因而语言结构与人的经验结构之间存在一种必然联系，这一联系能够解释语言为什么具有某种意义。任意性意味着在一定范围内可以自由选择，而理据性意味着做出的选择都是有原因的。任意性和理据性是所有符号的共同特征。

3. 语素属于语言中的______。[北京语言大学2010年研]

【答案】语法层面

【解析】语素是最小的语音、语义结合体，是最小的有意义的语言单位。语素之间进行组合能形成更大的音义结合的表意单位，这属于语法层面的语言现象。

4. 瑞士语言学家索绪尔认为语言符号的基本性质表现在两个方面，语言符号的语音形式与意义之间没有内在的必然联系，只有社会约定关系，这是语言符号的______性，语言符号不占有空间，以符号序列依次出现，这是语言符号的______性。[首都师范大学2012年研]

【答案】任意；线条

【解析】“现代语言学之父”索绪尔认为，语言符号具有任意性和线条性两种与系统性密切相关的基本性质。语言符号的任意性是指语言符号的语音形式与意义之间没有内在的必然联系，只有社会约定关系。语言符号的线条性是指语言符号不占有空间，以符号序列依次出现。

二、判断题

1. 语言是开放的、动态的符号系统。[中山大学2012年研]

【答案】正确

【解析】一切人类的自然语言，都是开放的动态平衡的符号系统。自然语言之所以是开放的，这是由它作为人类重要的思维工具、交际工具和文化载体的本质特征所决定的。语言符号系统之所以是开放的，也是因为这个系统本身是巨大的复杂的有无限潜力的，不管一种发达的语言是多么地丰富多彩，它所具有的音位、语素、词、短语、句子等都是有限的。

2. 语言每时每刻都处在变化之中，是异质有序的系统。[中山大学2011年研]

【答案】正确

【解析】语言是动态开放的符号系统，每时每刻都处在变化之中。它是异质有序的，即因言语交际造成内部不一致的语言系统，其内在结构和演变仍有规律。

3. 人类语言具有双重性，也就是具有语音和意义两种系统。[中山大学2012年研]

【答案】错误

【解析】人类语言的双重性是指语言既具有任意性，又具有理据性；任意性和理据性是语言符号的两个重要特点。

4. 层次性是任何语言系统都存在的突出特征。[北京语言大学2011年研]

【答案】正确

【解析】语言系统是一个由大大小小的语言单位构成的层级结构。层次性是任何语言系统都存在的突出特征。语言符号系统是一种分层装置，这种装置靠组合和替换来运转。音系层和符号层两个层面上都有大小不同的单位。

5. 我国境内汉藏语系的语言最多。[北京语言大学2011年研]

【答案】正确

【解析】汉藏语系是以汉语和藏语为代表的亚洲一个有亲属关系的语言群，中国为该语系使用人数最多的国家，中国南方民族多为汉藏语系民族。

三、选择题

下面说法中不正确的是(　　)。[中国传媒大学2012年研]

A. 语言是交际的工具，也是思维的工具

B. 在几种思维形式中，抽象思维与语言的关系最密切

C. 口语就是人们说出来的话

D. 任何一种符号都是由形式和内容构成的

【答案】C

【解析】口语是口头交际使用的语言，是最早被人类普遍应用的语言形式。口语通常是通过声音传播的，根据需要，有时候文学作品中也常以文字记录口语。因此，“口语就是人们说出来的话”是片面的，口语是一种语言形式，是一个复杂的语言系统，而非仅仅是话。ABD三项的说法都是符合语言学规律的。

四、名词解释

1. 组合关系[山东大学2024年研；中国传媒大学2013年研]

答：参见本章复习笔记。

2. 聚合关系[中国传媒大学2014年研；中山大学2011、2010年研]

答：参见本章复习笔记。

五、辨析题

1. 语言符号的任意性和约定性[武汉大学2011年研]

相关试题：语言符号的任意性[名词解释，中国人民大学2015年研]

答：语言符号的任意性和约定性是语言一对相对的特征。

(1)语言符号的任意性和约定性的差异

语言符号的任意性是指声音和意义之间没有内在的或必然的联系，语言符号的内容不决定形式，形式也不反映内容；而语言符号的约定性则是指语言的音义结合虽然是没有自然联

系的，但是在语言产生初期，音义一经约定俗成，就不能再更改，是全民必须共同遵守使用的规则。

(2)语言符号任意性和约定性的联系

①正是由于任意性的作用，语言的音义结合必须要约定俗成，没有必然联系的音和义必须要依靠社会的约定力量才能实现实际运用的可能。这两者是不能分割的两大特点。

②语言符号的内容不决定形式，形式也不反映内容，两者之间的联系是由使用该语言的社会成员约定的。但是语言具有高度的社会性，音义的结合服从社会共同意志，因此一旦音义之间的关系被普遍接受，任何一个语言使用者都不能随意更改这一关系，只能够被动接受。

2. 符号和征候[武汉大学2010年研]

相关试题：

(1)征候[名词解释，中国传媒大学2010年研]

(2)征候与符号有什么区别？[简答题，中山大学2010年研]

答：(1)符号

参见本章复习笔记。

(2)征候

征候是指事物本身的特征。它传递的某种信息可以通过其自身的物质属性来推断。例如，在山里赶路，看到远处炊烟袅袅升起，就可以知道那里有可以歇脚或投宿的人家；中医诊断疾病，总是要号脉，看病人的气色、舌苔，闻他呼出的气息；公安人员侦查案情，要收集指纹、脚印，记录和拍摄现场；远处的炊烟，病人的脉象、气色、舌苔、口气，罪犯的指纹、脚印，这些都与它们所隐含的信息有本质的必然的联系。

(3)两者的不同

①两者意义和事物之间的联系不同

符号包含形式和意义两个方面。形式是人们的感官可以感知的。符号的形式和意义之间没有本质上的、自然属性上的必然联系。

征候是指发生某种情况的迹象和征兆，基于事物自身的物质属性传递信息。

②两者表现和意义之间的联系的建立不同

作为一种可被感知的存在，符号的意义、功能与形式的关系是由使用者约定而成的，与本身的自然属性无关。

征候也是一种可被感知的存在，它的意义、功能与形式的关系与本身的自然属性密切相关。

总之，符号的能指和所指是由社会约定俗成的，两者之间没有必然的联系，而征候的形式和意义之间具有自然的联系。

3. 能指和所指[武汉大学2010年研]

答：能指和所指都是索绪尔语言学中提出的术语，他认为，任何语言符号都是由能指和所指构成的。

(1)能指和所指的区别

能指和所指的定义不同：能指是指语言的声音形象；所指是指语言所反映的事物的概念。比如英语的“tree”这个单词，它的发音就是它的能指，而“树”的概念就是所指。

(2)能指和所指的联系

能指和所指是不可分割的，就像一个硬币的两面。但是，索绪尔认为某个特定的能指和某个特定的所指的联系不是必然的，而是约定俗成的。例如，在“树”这个词中，树的概念和“树”的特定发音不是必然结合在一起的，“树”在英文中的读音和在法文、拉丁文中的读音明显不同，但都能表达“树”的意思。这就是符号的任意性原理。符号的任意性原则是索绪尔语言学的一条重要原则，它支配着索绪尔的整个语言的语言学系统，是头等重要的。

六、简答题

1. 简述语言和言语的关系。［华中师范大学2012年研］

相关试题：

(1)简述语言和言语的区别。［浙江师范大学2021年研］

(2)以现代汉语为例，说明语言和言语的区别与联系。［北京师范大学2023年研］

答：语言是指音义结合的符号系统。言语是对语言的运用，它有两个意思，一是指人的说和写的过程，是言语活动或言语行为；二是指人说出来的话，写出来的东西，是言语作品。

语言和言语既有一系列区别，又有密切联系。

(1)区别

①语言是抽象的，言语是具体的。

②语言是社会的，言语是个人的。

③语言是现成的，言语是临时的。

④语言是有限的，言语是无限的。

⑤语言是稳定的，言语是多变的。

(2)联系

语言和言语是不能分离、相互依存的。

①语言来自言语，依存于言语

语言系统是从具体的言语活动和言语作品中抽象概括出来的。个人头脑中所掌握的语言系统，是一种抽象的理性认识或理论知识。这种理论知识也是来自对具体的言语活动和言语作品的观察和概括。

②语言制约着言语，指导人们进行言语实践

语言系统一旦形成，就成为人们进行言语交际的依据。因为语言系统是一套社会惯例，个人用语言进行交际，必须符合这种社会惯例，否则说出来的就可能不成话。

2. 语言符号具有任意性的特点，但是语言符号在音、形或结构上与其所指之间也存在象似性的现象，如拟声词的发音和自然界的声音、汉语的语序和事件发生的顺序等。请谈谈什么是语言符号的任意性，象似性跟任意性是否矛盾，如何看待象似性跟任意性的关系？［中山大学2012年研］

相关试题：**论述语言符号的任意性。**［河南大学2023年研］

答：(1)语言符号的任意性和象似性

①语言符号的任意性

参见本章复习笔记。

②语言符号的象似性

语言符号的象似性指人类语言的结构与人类所认识到的世界的结构恰好对应，即语言符号的形式(能指)和内容(所指)之间有一种必然的联系，两者之间的结合是可以论证的，是有理据的。象似性体现在语音的象似、词形的象似和句法结构的象似。

(2)象似性和任意性的关系

象似性和任意性并不矛盾，两者的关系是：

①象似性虽然存在于语言中，但它不是语言的根本属性，与任意性相比，它是第二性的。

②任意性是语言的根本属性，象似性是对语言本质认识的深入和发展。

③语言符号既有任意性，又有象似性，这两者间的关系是并存的，甚至是互动的。

④语言的任意性和象似性是相辅相成辩证统一的，以互补的方式存在。

3. 什么叫语言的层级体系？它是如何构成的？[中国传媒大学2011年研]

相关试题：**自拟一个具有二层性的符号，并以此为例说说你对符号二层性的理解。**[论述题，北京大学2010年研]

答：(1)语言的层级体系的定义

参见本章复习笔记。

(2)语言层级系统的构成

语言系统是多层级系统，包含着不同性质的大大小小的语言单位。根据语言单位性质的不同，语言系统首先可以分成两个大的层次——下层和上层。下层和上层内部又可分为若干不同级别的语言单位。

①语言的下层

语言层级系统的下层是语言符号的形式层，即音系层。音系层包括两级基本语音单位：音位和音节。音位是一种语言中能够区别意义的最小语音单位。音位的上一级语音单位是音节，一个音节由一个或几个音位构成。音节是人们能自然感知的最小语音单位。在一连串语音中，音节与音节之间有明显的语音界限。

②语言的上层

语言层级系统的上层是语音和语义结合的符号和符号组合层，即语法层。一般认为上层包括三级基本语言单位：语素、词、句子。语素是最小的语音语义结合体。语素的上一级语言单位是词，词是最小的能够独立运用的语言单位。词由语素构成，一个或几个语素构成一个词。词的上一级语言单位是句子，句子是最小的语言交际单位。表达一个相对完整的意思最少要用一个句子。句子是由词构成的，一个或多个词构成一个句子。此外，介于词和句子之间的语言单位还有短语。短语是词和词的组合，但又和词一样，是构成句子的材料。

4. 为什么说从音位到语素是语言分层装置里最关键的接合部？[武汉大学2011年研]

答：从音位到语素是语言这个分层装置里最关键的接合部，这主要是因为：

(1)语言系统可分为音系和语法两个层面。在这两个层面中都有最小单位和小单位组成大单位的多级组织结构，这是语言系统最重要的特点。因此，可以说语言是一种分层装置，这种装置靠组合和替换来运转。

(2)语言分层装置中低一层的单位比高一层的单位少得多，高一层的单位都是低一层单位按照一定的规则组合而成的。整个装置的奥妙就在于以少数有规则地组成多数，一级级地翻番增量。

①就音系层面来说，音位是最小音系单位，音位按一定的规则组合成更大的单位——音节，音节之上还有音步等更大的音系单位。目前，人类语言的音位数量很少，汉语普通话仅有32个音位，英语有44个音位，然而，有限的音位可以构成成百上千的音节。

②就语法层面来说，又分为语素、词、词组、句子等多个语法单位，其特点是既有音又

有义。语素是最小的语法单位，人们可以按照规则将几千个语素组成更多的词，又可以运用词构成无数更大的结构单位——词组，词组又可以构成句子，而句子是无穷的。

综上所述，在语言系统中，之所以说“从音位到语素是语言这个分层装置里最关键的接合部”是因为几十个音位通过不同的组合可以为众多的符号提供语音形式，同样，几千个语素通过不同的组合可以生成出巨量的音义结合体来表情达意。

七、论述题

1. 举例说明语言符号的任意性与强制性。［中国传媒大学2010年研］

相关试题：举例论述语言符号的“不变性”和“可变性”。［中山大学2016年研］

答：(1)语言符号的任意性

语言符号的任意性是指语言符号的音义联系并非本质的、必然的，而是由社会成员共同约定的，一种意义为什么要用这个声音形式，而不用那种声音形式，完全是偶然的、任意的。语言符号和客观事物之间没有必然联系。语言符号的形式对于语言符号的意义而言，完全是任意的、人为规定的、没有逻辑联系、不可论证、不可解释。语言符号语音形式和意义内容的这种任意性联系的根源就在于语言是社会性的，是社会的产物，是社会现象，由一定的社会所决定。

语言符号的任意性主要体现在以下四个方面：

①音义的结合是任意性的

即什么样的语音形式表达什么样的意义内容，什么样的意义内容用什么样的语音形式表现是任意的。世界上之所以有多达5500种语言，是因为人类创造语言时在选择语音形式表达意义内容方面的不一致，因而形成了不同的语言。由于语言具有社会属性，不是自然的，语音形式和意义内容之间没有必然的本质的联系，完全是偶然的，不可解释的。语言的音义结合具有任意性是就语言的主要方面说的，语言中有少部分词语的音义联系是可以解释的，不具有任意性，比如布谷鸟，汉语叫作“布谷”，英语是cuckoo，法语是coucou，匈牙利语是kakuk，古希腊语是kokkuk，关于布谷鸟的语音形式，这五种语言都十分相似，是根据自然界的布谷鸟鸣叫的声音仿拟的结果，它们的音义结合就具有一种可以解释的逻辑联系。

②不同语言有不同的音义联系

汉语的语音形式和英语的语音形式不相同。例如：人、刀、树、水、路、妻子、太阳、月亮……，汉语的读音是rén、dāo、shù、shuǐ、lù、qīzǐ、tàiyáng、yuèliàng，英语的读音是person、knife、tree、water、road、wife、sun、moon。

③不同语言音义联系不对等

同样的语音形式在不同的语言中可以代表不同的意义，而同样的意义在不同的语言中可以用不同的语音形式表达。例如long，汉语表示“龙”等意义，英语表示“长”；又如英语uncle，等于汉语的叔、伯、舅、姨父、姑父，aunt等于婶婶、舅妈、姑姑、姨妈。

④同一语言的音义关系也有任意性

例如汉语有众多的方言，同样的事物在各个方言也有不同的读音。汉语有七大方言，各个方言区根据语音特点还可以进一步划分次方言区。不同方言区之间，语言的音义联系也不是完全一致的。同一语言中不同方言的语音差别，也说明了音义联系是具有任意性的。

(2)语言符号的强制性

语言符号的强制性是指符号一旦进入交际，即某一语音形式与某一意义结合起来，表示某一特定的现实现象以后，它对使用它的社会成员来说就具有了强制性。任何人不能借任意性而随意改变音义之间的结合关系。符号的音义结合是社会约定俗成的，它们之间的关系改变也要由社会来决定。主要表现在：整理词语，推广普通话，制定有关法规等。

语言符号之所以具有强制性是因为：

①语言能指和所指之间的任意性

语言符号能指和所指结合的任意性使得变更能指和所指的关系变得不必要。符号的任意性特点支配着整个语言机构，任意性原则是头等重要的原则，符号的任意性使人们不得不承认语言的变化在理论上是可能的，深入一步，符号的任意性本身实际上使语言避开一切旨在使它发生变化的尝试。

②语言得到社会认可的必然

语言中数不胜数的符号的存在使得随意变更能指和所指的结合关系成为不可能的事。语言的符号是数不胜数的，人们不可能一下子变更所有语言符号的能指和所指关系去接受一种新的能指和所指关系，而且也没有必要这样做。在任何时代，哪怕追溯到最古的时代，语言都是前一时代的遗产，语言符号的能指和所指相结合来指称事物是被全体社会大众所接受了的。要去任意改变那数不胜数的语言符号的能指和所指关系是完全不现实的。

③使语言交际变为可能的需要

能指和所指结合起来指称事物并构成大量的合成符号后，语言这个系统就变得复杂起来，一旦用于交际，就使得变更能指和所指的结合关系显得格外困难。一旦改变能指和所指的结合关系，原来的理据性就没了可以依赖的基础了，语言这个系统是相当复杂的，不是轻易就能改变的。

④方便语言社团使用语言的需要

集体惰性对一切语言创新的抗拒是解释语言符号对社会成员具有强制性的最主要的因素。语言是人们每天都使用着的、用来交际和思维的工具，它无时无刻不参与人们的日常生活，在这一点上其他制度是无法与其相比的，这一首要事实也足以说明对它进行革命是不可能的。

2. 试论语言作为符号系统的特点。[中国传媒大学2010年研]

相关试题：语言符号与一般符号的区别。[厦门大学2021年研]

答：语言作为符号系统的特点有：

(1)任意性

由于语言符号的能指和所指之间不存在必然的联系，因此，用什么能指代表什么所指是任意的。正因为语言符号具有任意性，所以，同样的语音形式可以代表不同的语义内容，如多义词、同音词；不同的语音形式又可以代表相同的语义内容，如同义词。不同的语言也可以用不同的语音形式代表相同的语义内容，如汉语的马和英语的horse都可以指“马”。

(2)稳固性

语言符号与其他符号一样具有任意性，但语音和语义一旦约定俗成以后就具有稳固性，不可随意改变。因为语言是社会交际的工具，如果语音和语义之间的关系随意改变，人们的社会交际就无法正常进行，语言也就起不到交际工具的作用。

(3)渐变性

语言符号具有稳固性的特征，但语言符号为了适应社会的发展变化也会发生变化，只不过这种变化比较缓慢，一般要经历一段较长的时间。

(4)两层性

语言系统分为音系和语法两个层面。语言层级系统中，位于下层的是语言符号的形式层，即音系层；位于上层的是音义结合的符号和符号组合层，即语法层。这两层中都有由小单位组成大单位的多级组织结构。两层性是语言系统最重要的特性。

(5)线条性

语言符号的线条性，或称线性，是指说话时语言符号在时间上依次出现。语言符号在言语中只能有时间上的前后相继的关系，而不能有空间上的上下相叠的关系。

语言符号具有的特点反映了人类语言和动物语言的最本质的区别，语言符号是人类特有的。

3. 请论述人类语言与动物“语言”的本质差别。［中山大学2011年研］

相关试题：

(1)举例说明人类的语言符号与其他动物的交际方式的本质区别。［中国传媒大学2016年研］

(2)人类语言和动物“语言”有哪些区别？［南京师范大学2024年研；武汉大学2015年研］

答：参见本章复习笔记。

4. 论述语言是一个符号体系。［武汉大学2013年研］

*相关试题：***举例论述语言符号的系统性。**［福建师范大学2019年研］

答：语言是一个符号体系这一点可以从以下几点看出：

(1)语言具有符号的特征

①语言中的“音”是语言符号的物质表现形式，是符号的能指；“义”是语言符号的内容，是符号的所指。语言的音和义相结合共同指称现实现象，构成语言的符号。

②语言符号具有任意性。语言符号的能指和所指之间不存在必然的联系，是由社会成员约定俗成的。不同的语言也可以用不同的语音形式代表相同的语义内容。

③语言符号具有稳定性。语音和语义一旦约定俗成以后就具有稳固性，不可随意改变。

(2)语言是一种比较复杂的符号系统

①语言符号是一个严密的系统，其组成是分层级的。语言系统分为音系和语法两个层面。语言层级系统中，位于下层的是语言符号的形式层，即音系层；而位于上层的是音义结合的符号和符号组合层，即语法层。这两层中都有由小单位组成大单位的多级组织结构。两层性是语言系统最重要的特性。

②组合关系和聚合关系是语言符号系统的运转规则。组合关系是语言符号的链条上各个符号之间的关系，具体说来就是句子内部词与词之间、词内部语素与语素之间的关系。聚合关系，又称联想关系，是具有某种共同特点的语言符号之间的关系。具有相同聚合关系的语言单位，就构成某种聚合类，即功能类。较小的语言单位通过横向线性组合可以构成一个较大的语言单位，而每一个语言符号又因为与其他语言符号具有相同组合能力而聚合成一个整体，由此横向的组合与纵向的聚合使语言成为一个有层次的、严密的系统，在这一系统中，组合是第一性而聚合是第二性的。

总之，语言符号具有符号的基本特征，是一个严密的符号系统。

5. 什么是组合关系？什么是聚合关系？它们对于语言运用有什么样的意义？［中国传媒大学2012年研］

相关试题：

(1)什么是组合关系和聚合关系？［简答题，南京大学2021年研；西北大学2018年研］

（2）举例说明语言的组合关系和聚合关系。［简答题，中国人民大学 2015 年研］

答：（1）组合关系和聚合关系的定义

参见本章复习笔记。

（2）组合关系和聚合关系在语言中的作用

组合关系和聚合关系是语言中的两大最根本的关系，是贯穿于语言的两大关系，在语言运用中发挥着重要作用，主要表现在以下几个方面：

①组合关系为语法单位的使用提供规则

a. 运用词语组合成句子，首先必须符合组合关系，这样才能正确，例如，说“吃”，一般可以同“饭、面、糖”等组合，不能同“沙、泥、土、树”之类的词组合。

b. 组合关系使符号之间的关系呈现出有序性，反映了语言系统组织结构的基本法则，是较小的单位组合成较大的单位时必须遵守的。

②聚合关系为语言的使用提供材料和可能

聚合关系是组合关系的具体运用，充分反映了语言规则的概括性，它为句子的生成提供了无数的可能。掌握了一种规则，通过替换，就可以造出很多句子来，例如，在“我爱中国”这一句式中，因为“你、我、他”处于聚合关系中，则可以用“你”和“他”来替换“我”，生成新的句子。

③组合关系和聚合关系共同在语言运用中发挥重要作用

组合关系和聚合关系是相互依存，相互作用的，两者在语言中共同起作用，使语言发挥出特有的作用和魅力。组合关系说明了语言结构的规则，使得语言符号的结构呈现出有序性；聚合关系说明了替换规则，为句子的生成提供了无数可能，大大简化了语言系统，为语言作为人类最重要的交际工具提供了可能。

6. 试举例论述组合关系和聚合关系在语音、词义、语法系统中的作用。［中南大学 2011 年研］

相关试题：什么是组合关系和聚合关系，举例说明两种关系是否只存在于语言符号之间。［北京语言大学 2011 年研］

答：（1）组合关系和聚合关系的定义

参见本章复习笔记。

（2）组合关系和聚合关系在语音、词义和语法系统中的作用

组合关系和聚合关系不只存在于语言符号之间，也存在于构成语言符号的音、义之间，两者在语音、词义和语法系统中的作用主要表现为：

①语音方面

a. 组合关系

语音中由音位和音位组合起来的能够自然感觉到的最小语音结构单位——音节，同一聚合系列中的音位一般应该有相同的组合关系。

b. 聚合关系

语言中音位并不是孤立的，每个音位都通过自己的区别特征和其他有共同特征的音位联系着，聚合成群，如果一个音位同时处在发音部位和发音方法两个聚合群中，则可以称为双向聚合。

②词义方面

a. 组合关系

词义和词义组合时要受到一定规则的制约，例如，语法规则、语义条件、语音限制等。

b. 聚合关系

例如，词内部意义的聚合——多义；词之间意义的聚合——同义、反义。

③语法方面

例如，小王看电影。/学生学习英语。/孩子吃苹果。

a. 组合关系

语法单位按照一定的语法规则组合成句子，如上述例子都是按照“主 + 谓 + 宾”的结构规则进行组合的。

b. 聚合关系

作主语的“小王、学生、孩子”，是主语在言语链条中可以替换的词的聚合，就是聚合关系。同理，“看、学习、吃”“电影、英语、苹果”分别自然聚合成群，构成聚合关系。

第3章　语音和音系

3.1　复习笔记

一、语音和音系的区别与联系

(一)语音学和音系学

作为一种物质形式，语音与自然界的其他声音一样，具有各种物理性质。语音是由人类的发音器官发出来的，因此具有生理属性。同时，说话人发音和听话人听音又是一种心理活动，因此语音又具有心理属性。语音代表一定的意义，是由同一语言社群的成员共同约定的，因此，语音又是一种社会现象，具有社会属性。

表3-1　语音学和音系学

要点	具体内容
语音学研究	①从自然属性出发、针对所有人类语言的语音研究，属于语音学的研究。 ②语音的自然属性还可以再细分为不同的方面。语音是人们实现“发送——传递——接收”信息的交际过程的物质材料，若要全面深入地了解语音的特性需要从生理、物理和心理各个方面进行探究
音系学研究	①从社会属性出发、针对语音在某一个具体语言的系统中起什么作用的研究，属于音系学的研究。 ②各种语言使用哪些材料，如何使用，这是音系学研究的内容。学习音系学的知识，能使人们了解一种语言中哪些音是必须区别的，不同的音的出现条件是什么，它们的组合规律是什么，节律和语调又有哪些主要的特点，掌握语音在不同语言中的作用和组织方式
语音学和音系学的关系	①语音学和音系学相对独立；语音学和音系学的研究无法截然分开。 ②语音学的出发点在于语音自身的自然属性或听觉反应，与语言学的核心部分是间接联系；语音学研究的是语言中的声音和发出语言时的肌体动作，不是自然界的声音或与语言无关的肢体动作，要在研究中关注语音自然属性在语言系统中的作用。 ③音系学的出发点在于语音在语言系统中的组织方式，属于语言学的核心部分；音系学研究的是有自然属性的语音在语言系统中的作用，这也需要先搞清楚语音的自然属性

(二)语音和音系的最小线性单位——音素与音位

1. 语音单位与音系单位的比较

(1)语音单位面向人类所有的语言，将语音的自然属性以及人类语音的共性一同纳入研究视域从而进行语音的切分，属于语音学范畴。“音素”是其最小的语音单位。

(2)音系单位则聚焦某一具体语言，通过研究语言的社会性质以及语音的功能一同纳入研究视域从而进行语音的切分，属于音系学范畴。“音位”是其最小的音系单位。

2. 音素和音位

作为语音研究的最小单位，音素是从音质上切分出来的最小语音片段；作为音系研究的最小单位，音位是被说话人看作能够区别意义的最小语音片段。

(三)国际音标

国际音标是最通行的记录音素的标写符号。

1. 国际音标的制定原则

国际音标是使用拉丁字母创制的记音符号，并坚持音标与音素之间一一对应的原则从而避免音素混淆或者两可的情况。

2. 国际音标的符号

用国际音标标音要加方括号[ ]，标注音位则需要将音位置于“/ /”中。

二、从声学看语音

(一)语音四要素

1. 语音四要素

表 3－2 语音四要素

要点	具体内容
音高	是指人们对声音高低的感知，它与发音体振动所产生的基本频率相关
音强	是指人们对声音强弱的感知，它与声波的振幅相关
音长	是指声音的长短，它取决于发音体振动的持续时间的长短
音质	又称音色，是指声音的特色。从声音的产生看，音质的不同主要由三方面的原因造成： ①发音体不一样。 ②发音的方法不一样。 ③共鸣器的形状不一样

2. 一个人发出语音的音质的决定因素

(1)从肺里呼出的气流通过口腔时受不受到阻碍？如果受到阻碍，在什么部位？如果未受到阻碍，口腔的形状又是什么样的？——这些都构成不同形状的共鸣腔。

(2)碰到的阻碍用什么方法克服？——这是发音方法。

(3)声带振动不振动？——发音体。

(二)音质的声学分析

1. 乐音和噪音

(1)最简单的简谐振动产生的音称为“纯音”。

(2)有的振动复杂而有规则，产生的音称为乐音。乐音是由有限多个、频率有着规则性联系的纯音构成的。

(3)有的振动复杂而不规则，产生的音称为噪音。噪音是由无穷多的、频率没有规则性联系的纯音凑合成的。

2. 基音和陪音

每个乐音都是由若干个不同频率的纯音组合而成。频率最低的称为基音，其他的称为陪音；陪音的频率都是基音的整数倍。

基音的强度最大，它的频率决定着整个音的音高。陪音的强度比较弱。由于陪音不同，才分出乐音的不同音质。

(三)声学分析的仪器和软件

作为一种物理现象，语音可以通过仪器对它进行分析。

1. 浪纹计

20 世纪早期的仪器主要是浪纹计。它可以将语言的听觉音响变成可视化的图像，浪纹计显示的音波形状是基音和陪音结合在一起的复合波形，可以粗略看出不同音质之间在高低强弱等物理量方面的差异，然而缺点在于不够精准，波形与音质之间不构成一一对应的关系。

2．语图仪

20世纪中期的仪器主要是语图仪。它可以利用滤波器对存储的短时间的动态话语录音进行处理，从而制成能够显示语音单位频率、振幅、音波波形等物理性质的语图，为实验语音学研究提供物理参考，推动了语音学研究的发展。

3．计算机软件

20世纪后期的仪器主要是电子计算机。它可以通过语音分析软件生成语音的各种声学图像，还可以从这些语图中提取语音分析需要的各种数据。时至今日，计算机“开口说话”已经是日常生活常见的运用了。

三、从发音生理看语音

（一）发音器官

1．人类的发音器官

（1）肺

由肺的呼吸作用形成的气流是产生语音的基本动力。肺气流压力的大小和语音的强弱直接有关，呼气量大，声音就强，呼气量小，声音就弱。

（2）喉头和声带

喉头是由软骨构成，呈圆筒形，下接器官，上通咽腔。

声带是元音的声源，同时也是浊辅音的声源之一。声带和音高的关系最为紧密，语音的高低决定于声带的张力和声带本身的质量。

（3）口腔、鼻腔、咽腔

口腔是指位于上颚和下颚之间的空间。附在上颚的有上唇、上齿、齿龈、硬腭、软腭和小舌；附在下颚的有下唇、下齿和舌头。口腔是发音器官中最重要的部分，是复杂发音活动的生成地。通过改变口腔的形状、大小以及气流通道可以实现对原始声带音的调节，产生不同的共振，从而发出不同音质的元音和鼻音；此外，口腔还可以通过和固定部位接触来对气流构成阻碍，从而发出不同音质的辅音。

咽腔在喉头上面，是口腔、鼻腔和食道会合的地方。咽腔形状的变化，影响进入腔后的声带音的共振，产生种种不同的声音；除此之外，通过咽壁肌肉的收缩可以发出不同音质的喉塞音。

2．发音原理

人们发出的声音不同，有三方面原因：

（1）参与发音动作的有哪些主动发音器官。

（2）主动发音器官做出什么样的姿态。

（3）主动发音器官与哪些被动发音器官接触或向它们靠近。

（二）两类音素：元音和辅音

元音和辅音的区别有：

表3－3　元音和辅音的区别

要点	具体内容
发音器官是否形成阻碍	①发元音时，气流由肺呼出后经过声门时使声带振动，之后在经过咽腔、口腔、鼻腔时不再受阻碍。 ②发辅音时，气流由肺呼出在通过发音器官的某个部位时受到阻碍，继而冲破阻碍而发出声音

续表

要点	具体内容
发音器官的紧张程度不同	①发元音时，发音器官的各部分保持均衡的紧张。 ②发辅音时，声道形成阻碍的那一部分器官特别紧张
发音时气流的强弱	①发元音时，呼出的气流畅通无阻，因而气流较弱。 ②发辅音时，呼出的气流冲破阻碍而发声，因而气流比较强

（三）元音

1．元音产生差别的原因

元音的发音体都是声带，发音方法都是气流冲击声带使其振动，所以元音音质的差别是由口腔形状的差别造成的。口腔是人类声腔中最富于变化的部分，口腔中任何一个部位的变化都可以造成口腔形状的变化，从而产生不同的共振，对原始的声带音进行不同的调节，使原始的声带音变成不同的元音。

2．口腔改变形状的方式

（1）把嘴张得大些或者小些。

（2）把舌面的最高点放在舌面的前面或者放在舌面的后面。

（3）把嘴唇撮起或者展平。

上述三个办法可以归结为舌位的高低、前后，嘴唇的圆展。这三个因素的结合决定着每个元音的音质。

（四）辅音

1．辅音的共同特点

不管声带颤动与否，气流一定要在发音通道上的某一部位发生障碍。只有突破了这个障碍，才能发出辅音。受阻的部位就是发音部位，形成和冲破阻碍的方式就是发音方法。发音部位还可以区分为主动发音器官和被动发音器官。

2．辅音常用的发音方法

辅音发音方法是指发音时形成阻碍以及克服阻碍的方式。一般分为塞音、擦音、塞擦音、鼻音、颤音、闪音、边音和半元音这 8 种。半元音是介于元音和辅音之间的一种辅音，又称无擦通音。

表 3－4　辅音常用的发音方法

要点	具体内容
清和浊	根据声带振动与否可以分出清音和浊音，声带振动的是浊音，不振动的是清音
送气和不送气	送气音除阻后气流较强，不送气音除阻后气流较弱。国际音标一般通过在不送气辅音的右上角加“h”以示区分
塞、爆和擦	①塞音在成阻阶段发音器官紧闭，持阻时间甚短，然后发音器官分开（除阻）而发音 ②爆破音在成阻阶段发音器官紧闭，之后突然打开，让压力很大的气流冲出而发音 ③擦音在成阻阶段发音器官留有缝隙，使气流摩擦而发音
鼻音和口音	口腔中某些发音器官紧闭，软腭小舌下垂，让气流从鼻腔出去而发音，即为鼻音；抬升软腭阻塞鼻腔通道，使气流只通过口腔而不经过鼻腔出去而发音，即为口音

续表

要点	具体内容
颤音、闪音或搭音、边音、近音和半元音	①颤音是指舌尖、小舌这两个柔软的尖状物处在十分放松并有气流的冲击的状态下连续颤动而发出的音。 ②闪音或搭音是指舌头颤一次发出的音。 ③边音是指在发声过程中气流的中间通路被堵塞，只能从舌头两侧通过所发出的音。 ④在发近音和半元音时，气流受到的阻碍最小，只是在通过发音器官所形成的阻碍时稍微有一些摩擦。两者的区别在于近音的舌头姿态与辅音近似，而半元音与元音近似

3．辅音重要发音部位

辅音发音部位是指发音器官形成阻碍的部位。一般有舌尖后音、舌尖中音、舌尖前音、舌叶音、舌面后(舌根)音、舌面中音、舌面前音、唇齿音、双唇音、齿间音、小舌音、咽壁音和喉音这13种。

表3－5　辅音常用的发音方法

要点	具体内容
舌面后音	又称舌根音，由舌面后部抵住或接近软腭阻碍气流而发出的音
舌面中音	由舌面中部和硬腭后部形成阻碍发出的音
舌面前音	由舌面前部接触或接近硬腭前部形成阻碍发出的音
舌叶音	由舌尖(连同靠近舌尖的舌面)靠拢上齿龈和硬腭前部形成阻碍发出的音
舌尖后音	又称卷舌音，舌尖向上翘起接触到硬腭前部形成阻碍发出的音
舌尖中音	又称舌尖齿龈音，舌尖和齿龈(也即上牙床)接触形成阻碍发出的音
舌尖前音	又称舌尖－齿间音，舌尖抵在上下齿之间形成阻碍发出的音
唇齿音	上齿和下唇配合形成阻碍发出的音
双唇音	双唇形成阻碍发出的音
齿间音	舌尖夹在上下齿间或向上齿背靠拢形成阻碍发出的音
小舌音	用气流冲击或摩擦小舌得到的颤音或摩擦音
咽壁音	随咽壁的收缩而发出的音
喉音	从咽腔到声带这一段声腔发出的音

【名师点拨】语音的自然属性每年都会在各校考研真题中出现，尤其是物理属性中各项属性的定义和决定因素，考生必须准确记忆。同时，重点掌握音位与音素的本质区别与联系。

四、音位与音系

(一)对立和互补

1．定义

(1)对立

不同语音形式在相同的语言环境里出现，如果替换后产生意义差别，那么它们就是对立的。

(2)互补

不同语音形式如果不能出现在相同的语音环境里，那么它们就是互补的。

2．作用

(1)对立关系是划分音位的主要依据，彼此对立的能区别意义的语音是两个不同的音位。

(2)互补关系不能起音位辨义作用，因为它们在相同的语境里互相排斥，不会构成最小对立体。

(二)音位和音位变体

1．分析音位的方法

在遵循对立、互补、语音相似原则的基础上，音位分析旨在将语言里数目繁多的语音归纳为数目有限的一套音位系统。

2．音位变体

(1)定义

音位变体，即同位异音，是指一个音位的多个实际变体。一个音位往往包含一些不同的音，它们彼此不对立，不起区别语音形式的作用，是同一个音位不同的变异形式，这些音就叫作这个音位的音位变体。

(2)分类

①出现条件受环境的制约的音位变体叫作音位的条件变体。

②同一音位中的两个或几个变体并不起区别意义的作用并可以在相同的条件下出现的即为自由变体。

(三)音质音位和非音质音位

1．音质音位

音质音位，又称音段音位，是指以音素为材料，从音质的角度来分析的音位。元音音质音位可以根据舌位的高低、前后和唇形圆展来区分。辅音音质音位则可以根据发音部位和发音方法来区别。除了以元音、辅音划分音质音位类别之外，还可以将音质音位分为音响位、颤音位、闭音位和鼻音位等。

2．非音质音位

非音质音位，又称超音段音位，是指除了音质以外，可能具有区别意义的音高、音强、音长等非音质形式构成的音位。这些非音质音位总是附着在语流中的某一音段(包括音节、音素等)上面，在语音线性序列中不占一个时段。非音质音位包括调位、重位和时位。

(1)调位

调位，又称声调，是指主要由音高特征构成的音位。调位是汉藏语系诸语言中区别词的语音形式的重要手段之一。有声调的语言里调位是词的语音结构的一个重要组成部分。同一个音节，只要声调不同，语音形式和意义也就不同。声调可以用来区别意义，汉语的音调主要受音高的影响，音高也即声音的高低，由音波震动的快慢决定，汉语里音高变化可以区别词义，音高不同声调也不同。“妈”“麻”“马”“骂”的元音辅音和它们组合的顺序是一样的，都是/ma/，只是由于音高变化不同才使它们成为语音形式不同、意义迥异的四个语言单位。

(2)重位

重位，是指主要由音强特征构成的音位。构成重位的非音质特征常常不是单一的，而是综合的，以某一特征为主，兼有其他特征，而且在不同语言里的情况也不一样。重音在英语、俄语等语言里是一种区别词的语音形式和词义的重要手段。例如英语 instinct[inˈstiŋkt](活跃的)，[ˈinstiŋkt](本能)等。重音有时也可用来区别意义。英语用重音来区别词的语音形式，例如 con‘tent 是形容词，意思是“满足”，‘content 是名词，意思是“内容”。

(3)时位

时位，是指主要由音长特征构成的音位。长短音的区别主要表现在元音上，在我国广州话和许多少数民族语言里，时位都有区别词的语音形式和意义的作用。例如汉语广州话[ka：i^{55}]街、[kai^{55}]鸡；[sa：m^{55}]三、[sam^{55}]心。

音质音位和非音质音位是根据各自不同的语音材料划分出的，取材基础的不同是两者最大的不同。

五、音位的聚合

(一)区别特征

具体语言中有区别音位作用的发音特征叫作该语言的区别特征。每一个音位都可以分解为几个不同的区别特征。

(二)音位聚合群

音位聚合群是指音位通过区别特征和其他音位相联系，聚合成群。

1. 分类

音位聚合分为双向聚合和单向聚合：

(1)双向聚合

双向聚合是指某一个音位同时处在横向和纵向两个聚合群中。双向聚合是音位系统的主流。

(2)单向聚合

单向聚合是指音位根据一条区别特征聚合成一个单向的聚合群。

2. 作用

(1)音位组合的前提是在符合条件的音位聚合中找到具体的部件，因此，音位聚合群有助于分析音位组合。

(2)音位总是处于一定的聚合群之中，全然孤立的音位并不存在，因此，音位聚合群中的某一音位发生变化势必会影响其他的音位。因此，对于音位聚合群的研究有助于提升音位分析的系统性，也有助于分析语音的演变。

【名师点拨】音位及相关理论知识是各校考研真题中的常考知识点，例如音位变体、音位归并原则、音质音位和非音质音位的区分、音位的聚合，考生在熟记相关概念的同时，必须记忆相关典型实例，这对理解概念和应对考试很有帮助。

六、语音单位的组合

(一)音节

1. 定义

音节是指听感上最容易感觉到的最小语音片段，也是音位组合的最小结构单位。一个音节也即肌肉在发音过程中的一次紧张过程形成的语音片段。一个音节可以由一个音位构成，也可以由两个或两个以上的音位构成。

2. 分类

(1)复元音：是指在一个音节中两个或两个以上的元音前后相连组成的元音群。

(2)复辅音：是指在一个音节中两个或两个以上的辅音前后相连组成的辅音群。

(3)成音节辅音：又称韵化辅音，是指由辅音单独构成的音节。

3. 结构特点

每种语言的音节都有自己的结构特点。音节结构可以从以下三个方面去观察：

(1)音节最多可以有几个组合位置。

(2)组合位置按什么样的组合层次组合起来。

(3)每个组合位置上可以出现哪些聚合类的成员。音节每个组合位置上只能出现某些音位聚合群。

一个音节中的音素(音位)可以分为领音、起首音、收尾音、过渡音四种构成成分；也可以从元音和辅音的角度来分析音节结构，分为开音节和闭音节。

(二)语流音变

1. 定义

语流音变，又称联音音变，是指在连续的语流中某些语音成分受前后语音环境的影响而发生变化的现象。有时说话人由于种种原因调整语音的快慢、高低、强弱，也会造成语音的某种变化。

2. 语流音变与音位变体的比较

(1)相同点

语流音变与音位变体都是受相邻音的影响而在语音上发生变化的现象。

(2)不同点

①较之于音位变体，语流音变可以跨语素或者跨词发生，产生的范围更加广泛，并且不局限于音位内部成员间的转变，有可能转变为另一个音位。

②语流音变侧重描述或然的现象，而音位变体描述的是语音在特定条件下的必然变化。

3. 语流音变的分类

常见的语流音变有同化、异化、弱化、脱落四种。

(1)同化

同化是指一个音受与之临近的不同音的影响，使其变成和自己相同或相近的音，例如，汉语普通话中“难”[nan^{35}]在“免”[mian]前面时，韵尾[n]变为[m]，成为“难免”[$nam^{35}mian$]。

(2)异化

异化是指相同或相近的音组合在一起，其中一个音变成为不相同或不相近的音。例如，普通话的两个上声相连时，前一个上声(214)要变成(35)。

(3)弱化

弱化是指有些音在语流中发音变弱的现象。从元音来说，弱化最常见的表现是：复元音单化，单元音央化；另外，专门表示语法意义的词通常是弱读的。

(4)脱落

脱落是指有些音在语流中发音消失的现象，即音位减少，往往与弱化有密切的关系。

【名师点拨】各类语流音变现象是本章节的重难点，经常在各类考试中以主观题的形式出现，考生需重点理解和把握。

(三)韵律层级

1. 语言的节奏和韵律单元

音质音段之上的超音质成分等距离出现、周期性波动就构成了韵律(节奏)，韵律本身能构成独立于音质音段之外的韵律结构。自然话语一般可切分为一组有限的、有层级结构的韵律单位，层级由低到高依次为韵素、音节、音步、韵律词、黏附组、音系短语、语调短语和韵律话语。

2. 语言节奏的类型

(1)"音节(或韵素)型节奏"

"音节(或韵素)型节奏"，基本上是每个音节在时间上等距离地出现，没有强弱拍的区别。韵中的每个音位叫作"韵素"。例如，法语、日语、韩语和汉语粤方言等都属于这一类型。

(2)"音步型"

"音步型"，一般是指两个音节组成更紧密的小单元，是语音学家和音系学家用来描述语言中表现均长节律的基本单位。例如，汉语北京话和英语等都属于这一类型。

3. 音步之上更大的韵律单元

(1)停延段

由停延隔开的比音步更大的音律单元，一般用"｜"表示停延段的界限。"停延"分"停顿"和"延宕"两种情况：

①"停顿"是指在段后停止发音动作。

②"延宕"是指把段中最后一个音节的韵母延长。

(2)语调段

比停延段更大的韵律单位是"语调段"。由不定数目的停延段组成，末尾有承担语调曲线的更大韵律单位，一般用"‖"表示语调段的界限。

4. 韵律单位的意义

韵律单位的研究有助于探究句子、词组等语法单元的分界和语气表达等更高阶的语法语用意义。

3.2 考研真题与典型题详解

一、填空题

1. /p b p^h/这三个音位可以用______、______这两对区别特征区分开。[北京师范大学2014年研]

【答案】清浊；送气不送气

【解析】辅音发音受到发音部位和发音方法的影响与制约，发音方法又包括阻碍的方式、声带是否颤动、气流的强弱三个方面。/p b p^h/三个音位都是双唇音，因此它们的区别性特征集中在发音方法上。/p/是不送气清塞音，/b/是不送气浊塞音，/p^h/是送气清塞音。通过清浊可以区别/b/和/p/、/p^h/，通过送气不送气可以区别/p/、/p^h/。

2. [i u y]这三个元音可以用______、______两个特征区别开来。[北京师范大学2012年研]

【答案】唇形的圆展；舌位的前后

【解析】[i]是舌面前、高、不圆唇元音；[u]是舌面后、高、圆唇元音；[y]是舌面前、高、圆唇元音，通过唇形的圆展可以区别[i]和[u]、[y]，通过舌位的前后可以区别[u]和[y]。

3. 发音语言学研究语音______的属性，听觉语言学研究语音______的属性。[北京语

言大学 2011 年研］

【答案】生理；心理

【解析】作为一种物质形式，语音与自然界的其他声音一样，具有各种物理性质；语音是由人类的发音器官发出来的，因此具有生理属性；同时，说话人发音和听话人听音又是一种心理活动，因此语音又具有心理属性。

4．汉语音节不能没有______，不能没有______，但可以没有______、韵头和______。［首都师范大学 2012 年研］

【答案】韵腹；声调；声母；韵尾

【解析】声调是指依附在声韵结构中具有区别意义作用的音高变化。声母位于音节前段，主要由辅音构成。有的音节不以辅音开头，元音前头那部分是零，称为"零声母"。有的韵母可以分为韵头、韵腹和韵尾，韵母可以没有韵头和韵尾，但是韵腹是韵母的主干，又称"主要元音"。

5．从语音四要素的角度看，"衣""易"的区别在于______，live 与 leave 的区别在于______。［北京师范大学 2014 年研］

【答案】音高；音长

【解析】语音四要素是指音高、音强、音长和音质。"衣""易"的区别在于声调（调型）不同，声调属于音高；Live 与 leave 的区别在于音素［i］的发音长短，属于音长。

6．Present（礼物）和 present（赠送）通过______区别意义。［北京语言大学 2011 年研］

【答案】音强

【解析】英语多用重音来区别词的语音形式。例如 present 因为重音的位置不同而有不同的意义。语言学中把这种利用音强来区别词的语音形式的重音称为重位。

7．动词的凉（liàng）和形容词的凉（liáng）通过______区别意义。［北京语言大学 2011 年研］

【答案】音高

【解析】音高，即声音的高低，由音波震动的快慢决定，汉语里音高变化可以区别词义，音高不同声调也不同。"凉"的音高表现为：动词是去声，形容词是阳平。

8．汉语里的声调的不同，主要是由______的不同变化决定的。语音的诸物理要素中，______是区别意义最重要的要素，而这一要素又跟______、______和______这三个条件密切相关。［首都师范大学 2012 年研］

【答案】音高；音色；发音体；发音方法；共鸣器形状

【解析】有些语言可以利用音节的音高变化来区别意义，这些有区别意义作用的音高变化就是声调。在任何语言中，音色无疑都是用来区别意义的最重要的要素。其他要素在不同语言中区别意义的作用却不尽相同。音质的不同取决于发音体、发音方法以及共鸣器的形状三方面不同的条件，任一方面的差别都会造成音质的差异。

9．"索马里"的第一个字读得像阳平，这是语流音变中的______，网络语言中的"酱紫"从语流音变的角度看是______。［北京师范大学 2014 年研］

【答案】异化；脱落

【解析】"索马里"第一个字读得像阳平，属于两个本来相同或相近的音位，因为连着发音有困难，所以一个发生变化的现象，是语流音变中的异化现象。"酱紫"是"这样子"发生了合音，"这"的元音音位脱落，所以是语流音变中的脱落现象。

10. 有些方言中“花生”与“发生”听起来读音一样，而普通话的发音不一样，这是因为[f]、[x]在这种方言中是______，在普通话中是______。[北京师范大学 2014 年研]

【答案】相同音位；不同音位

【解析】[f]、[x]在有些方言中读音相同，是因为这些方言中[f]、[x]两个音属于同一个音位，不能区别意义；而两者在普通话中发音不同，且能区别意义，所以它们在普通话中属于不同音位。

11. 普通话[d]和[m]是最小的能够辨义的语音单位，分属于两个不同______。[首都师范大学 2012 年研]

【答案】音位

【解析】音位是被说话人看作独立语音单位的、能够起区别意义作用的音素。有同等使用价值的一组音素，可归并为一个音位，有些音素的不同能起区别意义的作用，就要看作不同的音位。[d]和[m]能够区别意义，因此分属于两个不同的音位。

12. 一个音位中的不同的音可以叫作这个音位的______，它包括______和______两种类型。[首都师范大学 2012 年研]

【答案】音位变体；条件变体；自由变体

【解析】一个音位往往包含一些不同的音，这些不同的音就叫作这个音位的“音位变体”，可分成条件变体和自由变体。在一定条件下出现的音位变体就叫作“条件变体”；没有环境限制，可以自由替换而不影响意义的音位变体叫作“自由变体”。

13. 常见的语流音变有______、______、______和脱落四种。[中山大学 2012 年研]

【答案】同化；异化；弱化

【解析】语流音变是指在连续的语流中某些语音成分受前后语音环境的影响而发生变化的现象。有时说话人由于种种原因调整语音的快慢、高低、强弱，也会造成语音的某种变化。常见的语流音变现象有同化、异化、弱化、脱落等几种类型。

14. 普通话[$\text{dəŋ}^{214}\text{ᴀ}^{55}$](等啊)在口语中读作[$\text{dəŋ}^{214}\text{ŋᴀ}$]，这种现象是______。[北京师范大学 2013 年研]

【答案】语音同化

【解析】语流音变包括同化、异化、弱化和脱落四种现象。普通话中[$\text{dəŋ}^{214}\text{ᴀ}^{55}$]第二个音节[$\text{ᴀ}^{55}$]，由于受到前面音节韵尾的影响，增加了辅音[ŋ]，属于典型的语音同化现象。

15. 从语言的语法结构类型上看，俄语是______语，日语是______语。[北京外国语大学 2017 年研；北京大学 2013 年研]

【答案】屈折；黏着

【解析】屈折语是指词与词之间的结构关系主要靠词形变化来表示的语言，如俄语、德语等。黏着语中的词语可以分出彼此界限清晰的独立音节，词根一般不发生变化，通过在词根或词干后按顺序添加附加成分的方式构造新词或形态，如阿尔泰语系和乌拉尔语系是黏着语的典型代表。

二、判断题

1. 送气音发音时声带都不参与活动。[北京语言大学 2011 年研]

【答案】错误

【解析】普通话中舌尖后浊擦音 r 发音时送气，但是声带颤动。

2. [p]、[p^h]、[m]、[f]是双唇音。[中山大学2012年研]

【答案】错误

【解析】双唇音由上唇和下唇阻塞气流而形成，而[f]是由上齿和下唇接近阻碍气流而形成，它是唇齿音。

3. [x]是舌面前、不送气、清擦音。[中山大学2012年研]

【答案】错误

【解析】[x]是舌面后、清、擦音。送气成分是气流和张开着的声门发生轻微摩擦产生的，发音部位是舌面前。

4. [tʂ]是舌尖前、不送气、清擦音。[中山大学2010年研]

【答案】错误

【解析】[tʂ]是舌尖后、不送气、清、塞擦音。

5. [ts]、[t]、[s]分别是塞擦音、塞音和擦音。[中山大学2012年研]

【答案】正确

【解析】塞擦音、塞音和擦音是根据形成阻碍和解除阻碍的方式不同对声母所做的分类。[ts]是塞擦音，发音时发音部位先形成闭塞，软腭上升，堵塞鼻腔的通路，然后气流把阻塞部位冲开一条窄缝，从窄缝中挤出，摩擦成声；[t]是塞音，发音时发音部位形成闭塞，软腭上升，堵塞鼻腔的通路，气流冲破阻碍，迸裂而出，爆发成声；[s]是擦音，发音时发音部位接近，留下窄缝，软腭上升，堵塞鼻腔的通路，气流从窄缝中挤出，摩擦成声。

6. c与s的发音方法相同。[中山大学2010年研]

【答案】错误

【解析】c与s的发音方法不同，前者[ts^h]是舌尖前、送气、清、塞擦音；后者[s]是舌尖前、清、擦音。

7. zhi(知)中的i实际上为舌尖后、高、不圆唇元音。[中山大学2012年研]

【答案】正确

【解析】zhi(知)中的i是舌尖后、高、不圆唇元音。i/ʅ/发音时，舌尖上翘接近硬腭前部，气流通路虽然狭窄，但气流经过时不发生摩擦，唇形不圆。

8. 普通话中有6个擦音。[中山大学2010年研]

【答案】正确

【解析】普通话中的擦音有f、h、x、sh、r、s六个。"擦"是指摩擦，擦音在成阻阶段发音器官留有缝隙，使气流摩擦而发出声，如果气流通过的缝隙在口腔的正中，就是通常所说的擦音。

9. "fáng"中的"n"与"fán"中的"n"是一个音。[中山大学2011年研]

【答案】错误

【解析】"fáng"中的"n"是和后面的"g"一起作"fang"的韵尾，"fan"中的"n"单独作韵尾。

10. 普通话的一个汉字都代表一个音节。[中山大学2012年研]

【答案】错误

【解析】音节由音素构成，是交谈时自然感到的语音单位。一般说来，一个汉字表示一个音节。但也有例外，如普通话中作为后缀的"儿"，同前一音节并合在一起，使前一音节的韵母发生卷舌作用，仅代表卷舌的动作，并不是一个单独的音节。例如"花"+"儿"——

"花儿"[xuar]，其中"儿"代表一个汉字，但并不代表一个音节。

11. 音质是由音高、音长、音强决定的。[中山大学2010年研]

【答案】错误

【解析】音质是指声音的特色，其差别主要取决于三个方面：①发音体不同；②发音方法不同；③共鸣器的形状不同。

三、名词解释

1. 语音[中国传媒大学2012年研；南开大学2011年研]

答：语音是人类发音器官发出的有意义的声音，是有意义内容的语言成分的外部形式，是语言的物质外壳。语音同其他声音一样，产生于物体的振动，具有物理属性；语音是由人的发音器官发出的，具有生理属性；语音要表达一定的意义，必须是使用该语言的全体社会成员约定俗成的，所以又具有社会属性，社会属性是语音的本质属性。

2. 音素和音节[中国传媒大学2011年研]

相关试题：

(1)音素[华中师范大学2023年研；云南大学2023年研；西北师范大学2022年研]

(2)音节[北京大学2024年研；东南大学2024年研]

答：(1)音素是人类语言从音质角度划分出来的最小语音单位。从音质角度对音节连续进行切分，直到不能再切分为止，所得到的最小的语音单位就是音素。

(2)音节是一种语言中的音位和音位组合在一起形成的一种最基本的自然单位。人们可以凭借听觉，很容易地把一段语流的发音划分成若干音节。在一个音节内部，哪一种音位在前，哪一种音位在后，在不同语言里相差是很大的，这就决定了音节结构的音位配列规则。

3. 语音的自然属性[中国传媒大学2013年研]

答：语音的自然属性是指语音同自然界的其他声音一样，是由物体的振动引起的空气粒子的振动。包括：①语音由人的发音器官发出，具有生理属性；②语音也是一种声音，发出后在介质中传播，具有物理属性；③语音能为人感知、理解，具有心理属性。

4. 腭化[北京师范大学2014年研]

答：腭化是语音同化现象的一种，指舌面音以外的辅音发音时因受高元音影响，舌位抬高，舌面靠近硬腭，使发出的音成为舌面音或具有舌面音色彩的现象。腭化使气流通道变窄，增加擦音成分，塞音腭化后常带有塞擦音色彩。如北京话[n]、[l]等声母在高元音[i]之前时，就会产生腭化现象。在历时平面，普通话的3个舌面音声母[tɕ $tɕ^h$ ɕ]就是古汉语[k k^h x]和[ts ts^h s]两套声母受高元音[i y]的影响而腭化演变来的。

5. 音质[南开大学2011年研]

答：参见本章复习笔记。

6. 互补[首都师范大学2012年研]

答：互补是指音素之间的一种关系，即由于组合条件的不同，两个或几个音素不可以在相同的语音位置上出现，它们各有自己出现的语音位置。互补的音素，如汉语的[a]、[ɑ]，英语的[p]、[p^h]，不起区别词的语音形式的作用，如果彼此语音相似，它们就会被语言社会当作同一个语音单位来使用，语音的互补关系是具体语言中归纳音位的重要原则之一。

7. 音位的自由变体[厦门大学2011年研]

答：音位的自由变体是音位变体的一种。同一音位中的两个或几个变体并不起区别意义的作用并可以在相同的条件下出现即为自由变体。例如，北京话中的“文”读成[$wən^{35}$]或[$vən^{35}$]都不会造成意义的改变，/w/、/v/是/w/的两个自由变体。

8. 区别性特征[中国人民大学 2011 年研]

相关试题：区别特征[河南大学 2024 年研；中国传媒大学 2016 年研；首都师范大学 2013 年研]

答：区别性特征是指在具体语言中具有区别音位作用的发音特征。语言里的音位互相对立，从而使语素和词的语音形式和意义能够彼此区别开来。音位的相互对立和区别，如果进一步加以分析，只是通过几个语音特征来实现的。例如汉语普通话中的/p/音位，通过“双唇”这个特征和非双唇音区别开来，通过“清音”这个特征和浊音区别开来，通过“塞音”这个特征和擦音、鼻音、边音、闪音、颤音等区别开来，通过“不送气”这个特征和送气音区别开来，这些特征加合起来就能把/p/音位和汉语普通话中的所有其他音位相区别。这种具有区别音位作用的语音特征就是区别性特征。

9. 双向聚合群[北京语言大学 2010 年研]

答：双向聚合群是指每个语音按照两个区别特征所组合成的一种聚合群。语言系统中的音位能够通过区别特征和其他音位建立联系，聚合成群。它是音位系统的主流，处于双向聚合中的音位，在结构上具有平行对称的特点。

10. 国际音标[中山大学 2016 年研]

答：参见本章复习笔记。

11. 边音[南开大学 2017 年研]

答：边音，又称舌侧音、塞通音，是根据发音时气流受阻情况而分的辅音的一种。发音时，口腔的气流通路的中间被阻塞，气流从舌头的两边通过。气流从舌一侧流出的称单边辅音，气流从舌两侧流出的称双边辅音。边音在古汉语中属于半舌音。中古汉语的“来”母，普通话的“l”都是边音。

四、辨析题

1. 语流音变；词的语音变体[南开大学 2011 年研]

答：语流音变与词的语音变体既有相同点又有不同点，具体表现为：

（1）相同点

语流音变与音位变体都是受相邻音的影响而在语音上发生变化的现象。

（2）不同点

①含义不同

说话时音位和音位之间能够互相影响而使前音或后音发生某种变化，这种变化发生在语流中，所以叫作“语流音变”，又称“联音音变”。常见的语流音变有同化、异化、弱化、脱落四种。

同属于一个音位的不同音素称为“音位变体”，是同一个音位的不司变异形式，是其在特定语音环境中具体体现或具体代表。音位变体可分为条件变体和自由变体两种。

②分布条件及变化范围不同

较之于音位变体，语流音变可以跨语素或者跨词发生，产生的范围更加广泛，并且不局限于音位内部成员间的转变，有可能转变为另一个音位。

③发生的概率不同

语流音变侧重描述或然的现象，而音位变体描述的是语音在特定条件下的必然变化。

2. **音素；音位**[华东师范大学2020年研；中国人民大学2016年研]

相关试题：音位[名词解释，河南大学2023年研；暨南大学2021年研；中国社会科学院大学2019年研；北京大学2018年研；中国传媒大学2013年研；中南大学2011年研]

答： 音素是从生理、物理角度划分出来的语言中的声音的最小单位；音位是从声音在语言中的作用划分出来的最小单位，是一定语言中能区别意义的最小的语音单位。例如在汉语普通话里，“埋、麻、忙”这三个字都包含同一个元音“a”，一般在标音时也都写作[a]，其实这三个词的读音是[mai]、[mʌ]、[mɑŋ]，因此从生理、物理的角度来分析，[a]、[ʌ]、[ɑ]是不同的音素，但从区别意义的作用来看，[a]、[ʌ]、[ɑ]同属一类，即同一音位。

五、分析题

1. 根据下列词语，试说明[pʰ]和[p]在英语和北京话中分别为几个音位？为什么？[p]在英语和北京话音位系统中的区别特征分别是什么？[中国传媒大学2014年研]

peak/speak

爸/怕

答： 音位是被说话人看作一个独立语音单位且能够起区别意义作用的音素。有同等使用价值的一组音素，可归并为一个音位。

英语：peak：[pik]－[pʰ]－/p/。

speak：[spik]－[p]－/p/。

汉语：爸：[ba⁵¹]－[p]－/p/。

怕：[pa⁵¹]－[pʰ]－/pʰ/。

在英语中，[pʰ]与[p]虽有送气与不送气的差别，却并不区分意义，属于/p/的条件变体，归并为一个音位。在汉语中，送气与不送气的差别能够区分意义，形成/p/和/pʰ/两个音位。

2. 根据荷兰语材料，比较[p]和[b]、[t]和[d]在荷兰语中是否是一个音位。[北京师范大学2012年研]

荷兰语	英义	汉义	荷兰语	英义	汉义
pond[pɒtə]	pound	英镑	ponden[pɒtən]	pounds	英镑(复)
pont[pɒtə]	ferry	渡船、渡口	ponten[pɒtən]	ferries	渡船、渡口(复)
bond[bɒtə]	association	联合	bonden[pɒtən]	associations	联合(复)
bont[bɒtə]	fur	毛皮	bonten[pɒtən]	furs	毛皮(复)

答： 根据题目中所给材料，[p]和[b]、[t]和[d]分别是不同的音位。

材料中，pond[pɒtə]和bond[bɒtə]除了/p/与/b/之外其他均相同，属于最小对立对。由于两者在同样的语音环境中能够区别意义，所以它们之间是对立关系，故/p/与/b/是两个不同的音位。ponden[pɒdən]和ponten[pɒtən]除了/d/与/t/之外其他均相同，是最小对立对，两者同样能在相同的语言环境中区别意义，所以它们也是对立关系，故/d/与/t/是两个不同的音位。

3. 阅读墨西哥托乔拉巴尔语的语料回答，[t]和[tʰ]是不同的音位还是同一音位的不同变体，并借此谈谈你对音位划分和归并的看法。[北京师范大学2013年研]

[**čitam**]**猪**

[**čattat^{h}**]**一种植物**

[**ʔinat^{h}**]**种子**

[**tinan**]**颠倒**

[**makton**]**一个傻瓜**

[**nahat^{h}**]**长**

答：根据题目中所给材料，[t]和[t^{h}]有可能是同一音位的不同变体。

归纳音位主要遵循以下四种不同的原则：

(1)对立原则

两个音素在同样的语音环境中独立承担区别词或语素的语音形式(或称"区别意义")的作用，则两个音素就处于对立关系中。而在同一语言中处于对立关系中的音素，就需要归纳为不同的音位。材料中，如果能够找到一个最小对立对，证明[at]组合出现在词末同[at^{h}]组合出现在词末意义不同，则可将两者划为不同的音位。

(2)互补原则

一类音素从不在相同的语言环境中出现，这种现象叫作互补分布。呈互补分布的音素可以考虑归并为同一个音位。在所给材料中，[t]和[t^{h}]没有在相同的语言环境下出现，则它们呈现互补分布，它们可以被划归为同一个音位的不同变体。

(3)音感差异原则

归纳音位时除了要遵循互补原则外，还要注意音素的音感类型。有的音虽然处于互补分布中，但是当地人听起来差异过大，这样的音也不宜归纳为同一音位。[t]和[t^{h}]仅存在送气不送气的差别，音感差异不大，所以有归并为同一个音位的可能性。

(4)经济原则

在音位归纳中要遵循经济原则，即在正确描写语言现象及满足交际需要的基础上尽可能地控制音位的数量。对于两者划归两个音位是否经济，还需要更多的语料进行验证。

4. 下面是一些日本人名，使用的是标准的罗马字拼写方法，其中 f 表示[Φ]，sh 表示[ʃ]，ch 则表示[tʃ]。请列出里面所有的辅音和元音，并指出哪些辅音是互补的。[中山大学2014年研]

Fuse

Himi

Misumi

Soto

Futatsume

Hitachi

Motomachi

Susa

Futami

Hofu

Mutsu

Tamana

Hachinohe

Matsushima
Numata
Tate
Hamamatsu
Mine
Setana
Tsunami
Hashimoto
Minamate
Shinichi

答：(1)辅音：f、s、t、m、h、sh、ch、n、ts；元音：u、a、e、i、o。

(2)h 与 f 互补，h 跟 a、e、i、o 可以在一起用，f 只能跟 u 连用；ts 与 t 互补，ts 只出现在 u 前，t 不出现在 u 前；s、sh 互补，s 跟 a、e、o、u 连用，sh 只跟 i 连用；s、ch 互补，s 跟 a、e、o、u 连用，ch 只跟 i 连用。

5. 用国际音标给汉语普通话的下列各个词注音。［南开大学 2011 年研］

哥哥　柴火　木头　天　穷　翁　圆　日　叶　贵

说明：本题可不标注声调，不能使用宽式标音法。

答：哥哥：［kɤ gə］。

柴火：［tʂʰaɪ xuo］。

木头：［mu tʰoɷ］。

天：［tʰiɛn］。

穷：［tɕʰyŋ］。

翁：［uəŋ］。

圆：［ɥan］。

日：［ʐʅ］。

叶：［jɛ］。

贵：［kuei］。

6. 请按严式标音写出下列六个汉字的国际音标。如果发生音变的，请标出其实际发音。［浙江大学 2010 年研］

他　去海岛　旅游

答：［tʰʌ^{55}］；［tɕʰy^{51}］［xaɪ^{35} tɑɷ^{214}］；［ly^{21} joɷ^{35}］。

7. 分析汉语和英语中［p］、［pʰ］是否都能归为同一个音位。［北京语言大学 2011 年研］

答：［p］、［pʰ］在汉语和英语中具有不同的情况：

(1)在汉语中，［p］、［pʰ］出现在相同的语音环境如［－ɑu］中具有区别词的语音形式进而区别意义的作用——［pɑu］(报)和［pʰɑu］(炮)，这两个音素间的关系是对立的，应把这两个音素划分为不同的音位/p/和/pʰ/。

(2)在英语中，［p］只出现在［s］的后面，［pʰ］只出现在词的开头或其他位置，两者出现的环境互相补充，彼此处于互补的关系中，且语音近似，应划为同一个音位/p/。

8. 下面是某方言中语流音变的三个实例，请具体分析它们的音变情况。［中国传媒大学 2016 年研］

（1）面包[$mian^{51}pau^{55}$]→[$miam^{51}pau^{55}$]

（2）椅子[$i^{214}ts^{214}$]→[$i^{21}\cdot ts$]

（3）豆腐[$tou^{51}fu^{214}$]→[$tou^{51}\cdot f$]

答：（1）面包[$mian^{51}pau^{55}$]→[$miam^{51}pau^{55}$]属于语流音变中的同化现象。同化是指一个音受到与之临近的不同音的影响，使其变成和自己相同或相近的音。“面”/mian/中的/n/在“面包”中变成/m/，这是受到“包”的声母/p^h/在部位上同化的结果。

（2）椅子[$i^{214}ts^{214}$]→[$i^{21}\cdot ts$]，属于弱化现象。弱化是指在语流中，有些音的发音可能变得比原来更弱更轻的现象。弱化通常发生在轻声（汉语）或弱读（重音型语言）音节中。专门表示语法意义的词通常是弱读的。“子”为词语的附加成分，没有词汇意义，只有语法意思，因此弱读。

（3）豆腐[$tou^{51}fu^{214}$]→[$tou^{51}\cdot f$]，属于音位脱落。脱落，又称减音，是指语流中有些音在连读时因缩并等原因而不再发音或消失的现象。“豆腐”一词的尾音/u/脱落。

9．请分析汉语上声连读时的音变特征和语气词“啊”的音变特征，并进一步说明它们属于语流音变中的什么类型？[首都师范大学2012年研]

答：（1）上声的变调

上声音节单念时调值是214，在语流的末尾时调值不变，在下列情况下，调值变成35或21。

①两个上声紧相连，前一个调值从214变成35。这种语音变化属于逆行异化。

214＋214——35＋214：水果、了解、领导。

要注意，在原为上声现改读为轻声的字音前头，则有两种不同的变调。

a．214＋轻声——35＋轻声：捧起、等等、讲讲、想起。

b．214＋轻声——21＋轻声。主要有三种情况，一是表示亲属称谓上声字重叠时：姐姐、奶奶；二是上声＋“子”，除了“法子”之外：嫂子、毯子；三是一批口语词：耳朵、宝宝。

②三个上声相连，前两个上声的变调视词语内部的语义停顿而定。可分两种：

a．前两个上声音节语义紧凑，语义停顿在第二个音节后，则前两个音节都变成35。

（214＋214）＋214——35＋35＋214：展览馆、手写体、洗脸水。

b．后两个音节语义紧凑，语义停顿在第一个音节后，则前两音节有21＋35的变化：

214＋（214＋214）——21＋35＋214：纸老虎、有理想、很勇敢。

③如果连着念的上声字不止三个，要根据词语的语法结构和语义紧密度划分出语义停顿来，由语义停顿确定出音节段，再根据上述规律进行变调。如“理想｜美好”划分两段，念成35＋21＋35＋214，例如：

彼此/友好、买把/雨伞、种马场/养有，五百匹/好母马。

④在非上声（阴平、阳平、去声）的前面，调值由214变21，在原为非上声改读轻声的字音前，变调情况也相同。例如：

在阴平前　首都 北京 统一 女兵

在阳平前　祖国 海洋 语言 改良

在去声前　解放 土地 巩固 鼓励

在轻声前　尾巴 起来 宝贝 里头

（2）“啊”的变调

末尾音素	加“啊”	读作	写作	举例
i、ü、o、e、ê、ɑ	+ɑ	→yɑ	呀	鸡呀、鱼呀、磨呀、鹅呀、写呀、他呀
u	+ɑ	→wɑ	哇	苦哇、好哇、加油哇
n	+ɑ	→nɑ	哪	难哪、新哪、弯哪
ng	+ɑ	→ngɑ	啊	唱啊、香啊、小红啊
-i[ʅ]，er	+ɑ	→rɑ[ʐA]	啊	是啊、店小二啊
-i[ɿ]	+ɑ	→[zA]	啊	真丝啊、孩子啊

由上表可知，“啊”的音变是一种增音现象(包括同化增音和异化增音)。

六、简答题

1. 举例说明什么是音位归纳的互补原则。[北京大学2010年研]

答：(1)音位归纳的互补原则

音位互补原则是音位归纳过程中必须遵守的重要原则。两个或几个音素不可以在相同的语音位置上出现，它们各有自己出现的语音位置，这样的音素之间的关系就是互补的。音位的互补关系是指处在不同语音环境中的音素之间的关系，凡是处于互补分布中的语音差异一般不能造成音位的对立，因而互补也是归纳音位的一项重要的语音标准。

(2)举例分析

例如，普通话的/a/可出现在以下不同的字音中：

哀[ai]	烟[iɛn]	啊[A]	熬[ɑu]
安[an]	冤[yan]	压[iA]	昂[ɑŋ]

①“哀、安、冤”中的韵腹由于受了靠前的韵尾的影响，实际读音是前低元音[a]。

②“烟”中的韵腹由于受到韵头和韵尾的双重影响，实际读音舌位不但靠前，而且升高了，是一个前半低元音[ɛ]。

③“啊、压”等没有韵尾，韵腹实际读音舌位居央，是一个央低元音[A]。

④“熬、昂”等的韵腹，由于受靠后的韵尾的影响，它的实际读音是一个后低元音[ɑ]。

可见，/a/由于出现的语音环境(条件)不同，受到的影响不同，实际读音也不大相同。但是，这些不同的读音，当地人听起来并没有明显的差异，没有区别意义的作用。/a/的音位变体[a、ɛ、A、ɑ]就是处于互补分布中的。

2. 谈谈如何区分音质音位和非音质音位。[武汉大学2010年研]

相关试题：

(1)音质音位[名词解释，北京语言大学2010年研]

(2)举例说明什么是非音质音位？[华中师范大学2013年研]

(3)非音质音位[名词解释，辽宁师范大学2023年研；河南大学2022年研；广西民族大学2021年研；武汉大学2019年研；南开大学2011年研；中山大学2011年研]

(4)音质音位和非音质音位[辨析题，中国人民大学2018年研；武汉大学2011年研]

(5)举例说明音质音位与非音质音位。[华中师范大学2015年研]

答：参见本章复习笔记。

3. 音素、音位与音位变体的关系。[北京师范大学2013年研]

相关试题：比较音素与音位的区别。[南京师范大学2018年研]

答：音素是根据人类语言从音色角度划分出来的最小的线性的语音单位。例如，“爸”

（ba［pʌ］）从音色角度可以划分出“b”和“a”两个不同的音素；而音位是在某种具体的语言或方言中根据能否区别意义划分的最小的音系单位，有同等使用价值的一组音素，可归并为一个音位；音位变体是一个音位中包含的一些不同的音。音素、音位与音位变体三者的关系主要表现为：

（1）联系

音素构成音位，音位又有多个音位变体。而音位变体是音素在具体语言中的反映和表现。

（2）区别

①音位与音素的区别

a. 划分角度不同。音素是从人类语音的音质上着眼划分出来的最小语音单位，两个音如果音质不同，就是两个不同的音素。

b. 划分范围不同。音素是从人类的语言所能用到的全部语音里划分出来的最小语音单位，而音位则是在某种特定的语言或方言的语音系统里划分出来的最小语音单位。

②音位与音位变体的区别

a. 音位和音位变体的关系，是一般与个别的关系。

b. 音位是一个总的名称，而一个具体的音位，总是要通过不同的变体体现出来。例如，一个音位有四个变体，这个音位在不同场合总是表现为其中某一个具体的音位。

③音素和音位变体的区别

音素是从语音的自然属性角度划分的，而音位变体是从社会属性的角度划分的。音素之间有些也能区别意义，而音位变体之间是不具有辨义功能的。

4. 举例说明什么是双向聚合，什么是单向聚合。区分两者的意义是什么？［中山大学2012年研］

答：参见本章复习笔记。

5. 什么是语流音变？常见的语流音变类型有哪些？［厦门大学2011年研］

相关试题：

（1）简述语流音变。［华中师范大学2019年研］

（2）请说明语流音变的含义及其主要类型。［中国传媒大学2013年研］

（3）举例说明常见的语流音变现象。［中国传媒大学2014年研］

（4）语流音变［名词解释，西南交通大学2023年研；陕西师范大学2023年研；上海师范大学2019年研；中国人民大学2017、2015、2011年研；北京语言大学2017年研；中国传媒大学2014、2011年研］

答：（1）语流音变的定义

参见本章复习笔记。

（2）常见类型

①同化

同化是指一个音受到与之临近的不同音的影响，使其变成和自己相同或相近的音，例如，北京话“棉”/miɛn/中的/n/在“棉袍”中变成/m/，这是被“袍”的声母/p/在部位上同化的结果。

②异化

异化是指相同或相近的音组合在一起，其中一个音变成为不相同或不相近的音。例如，汉语中上声的变调，“土改”的音调和“涂改”一样。

③弱化

弱化是指在连续发音时，有些音位的发音变弱的现象。在弱化音节中，元音、辅音都可发生弱化。英语中的非重读音节一般都是弱化音节。汉语中的轻声就是一种弱化音节，其中元音的弱化最为明显。例如，“妈妈”/mʌma/弱化为/mʌmə/。

④脱落

脱落是指在连续发音时，有些音位减少甚至消失的现象。它往往与弱化有密切的关系。例如，“豆腐”/toufu/说成/touf/。

6. 请举例分析不同音高的产生机制以及音高在普通话语音中的作用。［浙江大学 2010 年研］

答：(1)音高的产生机制

音高是指声音的高低，它决定于发音体振动的快慢。在一定时间内振动的快慢即指振动次数的多少，即“频率”。在一定时间内振动快，次数多，频率就高，声音也就高，反之则低。物体发音之所以有高低的区别，和它的大小、粗细、厚薄、长短、松紧有关。大的、粗的、厚的、长的、松的物体振动慢，频率低，声音低；反之则高。例如，口琴的高音簧片短而薄，低音簧片厚而长；胡琴的高音弦细，低音弦粗。语音的高低，跟声带的长短、厚薄、松紧有关。人的声带不会完全相同。一般地说，成年男人声带长而厚，所以声音低；成年女人声带短而薄，所以声音高。老人一般声音低，小孩声音高，也是同一道理。

(2)音高在普通话中的体现和作用

音高是构成语音的要素之一。汉语里音高变化的不同引起声调不同，有区别词义的作用，如“妈”(音高不变)、“麻”(音高上升)、“马”(音高先下降后上升)、“骂”(音高下降)。普通话中的音高变化不同，形成了普通话的四个声调。值的注意的是，音高的不同不会引起声调的变化，音高变化的不同才会引起声调的变化。

7. 什么是音位变体？比较条件变体和自由变体的异同。［中国人民大学 2018 年研］

相关试题：

(1)音位变体［名词解释，中国人民大学 2020 年研；浙江大学 2010 年研］

(2)举例说明音位自由变体和条件变体的区别。［西南交通大学 2023 年研］

(3)什么是音位？简述音位变体。［中国人民大学 2023 年研］

答：音位变体是指同一音位的不同变体，即一个音位往往包含一些不同的音，这些音就称为这个音位的“音位变体”。音位变体是音位的具体表现形式，音位则是从音位变体中概括归纳出来的。音位与音位变体的关系是类别与成员的关系，也可以说是一般和个别的关系。音位变体可分为“条件变体”和“自由变体”两种。

(1)音位的自由变体是音位变体的一种。同一音位中的两个或几个变体并不起区别意义的作用并可以在相同的条件下出现即为自由变体。例如，武汉话、南昌话中的/l/音位，在同一条件下即可表现为[l]又可表现为[n]。

(2)条件变体是指一个音位中的各个变体，它们的出现条件受环境的制约，处于互补关系中，并且在语音上相似，彼此的差别能够用出现的环境解释。例如，/ᴀ/单独发音时表现为[ᴀ]，在[i]后则表现为[a]，在[ŋ]后表现为[ɑ]，在[i]、[n]之间表现为[ɛ]。

七、论述题

1. 试述语音学和音系学的关系。［南京师范大学 2020 年研］

答：参见本章复习笔记。

2．汉语拼音方案中有三个声母可以不要，请解释原理，选择一种具体的归并方案，并说明归并后汉语拼音拼写规则要做哪些调整。［北京大学 2014 年研］

答：汉语拼音方案中 y、yu、w 三个声母分别为有韵头 i、ü、u 的零声母音节的改写，不应划入声母。

(1)声母主要由辅音构成。辅音的主要特点是：发音时气流在口腔中要分别受到各种阻碍。声母发音的过程也就是气流受阻和克服阻碍的过程。声母的分类就是依据气流受阻的位置(发音部位)和阻碍气流的方式(发音方法)这两大因素。y、yu、w 并非辅音，而是隔音字母，是对由 i、ü、u 开头的“零声母”音节的一种改写形式，不应划为声母一类。

(2)此外还有一个声母为零声母，零声母的音节在组合中都由隔音符号隔开，不用单立一个符号表示。

(3)隔音字母 y、w 的拼写规则

①韵母表中 i 行的韵母，在零声母音节中，如果 i 后面还有别的元音，就把 i 改为 y；如果 i 后面没有别的元音，就在 i 前面加上 y。

②韵母表中 u 行的韵母，在零声母音节中，如果 u 后面还有别的元音，就把 u 改成 w；如果 u 后面没有别的元音，就在 u 前面加上 w。

③韵母表中 ü 行的韵母，在零声母音节中，不论 ü 后面有没有别的元音，一律要在 ü 前面加 y；加 y 后，ü 上两点要省写。

3．论述音位的组合关系与聚合关系。［南开大学 2011 年研］

答：组合关系和聚合关系是语言中的两种根本关系，其在音位上的表现分别是：

(1)音位的组合关系

音位的组合关系是指语音中的每一个音素(音位)相互连接时产生的关系。它总是处在相邻的音素之间。通过对语音组合关系的研究，可以得到一种语言的拼写(读)规则，帮助人们学习这种语言。音节就是这样建立起来的。现代汉语普通话中的音位的出现是有规律的，即它们的组合是有规则的。

例如，北京话有几个和/a/发音比较接近的元音，从音质角度看，它们是不同的音，分别为/a/、/ʌ/、/ɑ/、/ɛ/。这些音位变体在组合中是互补的，/a/只出现在韵尾/i/和/n/的前面，如[paɪ]、[pan]等；/ʌ/只出现无韵尾的音节中，如[tɕiʌ]、[xuʌ]等；/ɑ/只出现在韵尾/u/和/ŋ/的前面，如[kɑɷ]、[jɑŋ]等；/ɛ/只出现在韵头/i/和韵尾/n/之间，如[tʰiɛn]、[jɛn]等。根据这些组合规律可以把它们归纳成为一个音位/a/。

(2)音位的聚合关系

聚合关系是出现在一定组合中相同位置上的各语言成分所具有的类聚会同的关系。聚合关系是在对立原则的基础上建立的，构成同一类别之间的内部关系。音位聚合群是指音位通过区别特征和其他音位相联系，聚合成群。

①双向聚合是指某一个音位同时处在横向和纵向两个聚合群中，双向聚合是音位系统的主流。

例如，英语的某一聚合群：

/p/	/b/	/m/
/t/	/d/	/n/
/k/	/g/	/ŋ/

在这个聚合群中，每一横行的音位发音部位相同，每一竖行的发音方法相同，这种同时

在两个区别特征上形成的聚合群就是双向聚合群。

②单向聚合是指音位根据一条区别特征聚合成一个单向的聚合群。例如，北京话的/ʅ/声母在汉语其他方言中可能表现为n、l、z、j等多种声母。

4. 简述音位归纳的原则。［北京大学2024年研］

相关试题：

(1)归纳音位主要根据什么原则？［简答题，南开大学2011年研］

(2)归并音位的原则。［简答题，北京语言大学2010年研］

(3)举例说明音位归纳的基本原则。［简答题，中国传媒大学2011年研］

(4)"爸""天""好""那"中的韵腹用拼音字母a来表示音位/a/。请以此为例谈音位归纳的原则和方法。［简答题，中山大学2012年研］

(5)请以普通话为例，举例说明音位及归纳音位的原则。［中国传媒大学2014年研］

(6)音位归纳需要遵循一定的基本原则，请结合实例谈谈你对这些原则的认识。［北京师范大学2014年研］

答：归纳音位主要遵循以下四种不同的原则：

(1)互补原则

处于同一音位中的音素必须处在互补关系中，即音位的不同条件变体各有自己的分布条件，绝不出现在相同的位置上，因而它们的分布状况是互相补充的，这就称作"互补分布"。例如，/a/的音位变体[a、ɑ、ᴀ、ɛ]就是处于互补分布中的。凡是处于互补分布中的语音差异一般不能造成音位的对立，因而互补分布也是归纳音位的一项重要的语音标准。

(2)对立原则

两个音素在周围的音都相同的语音环境中独立承担区别词的语音形式的作用，则这两个音素就处于对立关系中，而在一语言中处于对立关系中的音素，就可以归纳为不同的音位，所以，语音的对立原则是音位归纳的重要原则之一。例如，在汉语里，[p]和[pʰ]在汉语里有区别词的语音形式的作用，如"标"[piɑu]和"飘"[pʰiɑu]语音上的不同仅仅在于前者是不送气的[p]，后者是送气的[pʰ]，汉语母语者就可以听出它们是两个不同的词。因此，处于对立原则中的两个音可以归入不同的音位中。

(3)音感差异原则

由于在各种语言里形成互补分布的原因和情况不完全一样，所以有的音虽然处于互补分布中，但是当地人听起来差异过大，这样的音不宜归纳为同一音位。例如，普通话中的[m]只出现在音节的开头，作声母，[ŋ]只出现在音节的末尾，作韵尾。这两个音是处于互补分布状况的，但它们在北京人的音感中有着明显的差异，所以仍应分别归纳为/m/、/ŋ/两个音位。这就是说，在运用互补分布来归纳音位的时候，还应根据当地人们的音感。音感差异也是归纳音位重要的语音标准。

(4)经济原则

在音位归纳中还要遵循经济原则，在满足交际需要的基础上尽可能地控制音位的数量，使音位容易学习掌握和运用。例如，英语中有[θ]、[s]两个音，可是这两个音在汉语中并不区别意义，将[san](三)说成[θan]，在理解上也不会出现大的差异。这样，为了简便实用，人们便把某一具体语言中并不区别意义的且听觉上相似的音素看作一个音位。

总之，归纳音位必须在同一语音系统中进行，一种语言(或方言)中有细微差别的辅音、元音是很多的，但是用来书写它的字母却越少越便于使用，用有限的字母去代表许多不同的辅音和元音，就要运用音位理论。

第4章 语 法

4.1 复习笔记

一、语法和语法单位

(一)语言结构是有规则的

要表达或理解一个句子的信息，不仅要掌握单个符号的意义，还要知道句子中符号之间的结构关系通过什么样的形式体现。句子的意义不是单个符号意义的简单相加，用什么样的形式体现符号之间什么样的结构关系，这是有规则的。

(二)语法的组合规则和聚合规则

1. 组合规则

语法的组合规则是指语法单位一个接着一个组合起来的规则。

2. 聚合规则

语法的聚合规则是指语法单位的归类的规则。

3. 组合规则与聚合规则的关系

(1)组合规则与聚合规则相互依存，每个语法成分都既处在聚合关系之中，又处在组合的关系之中。

(2)从聚合中选出的单位如何组成句子，需要服从组合的规则。

(3)聚合规则是潜在的，它储存于人的大脑中，组合规则是现实的，它存在于话语中。

(4)说话时组合规则提出要求，聚合规则提供可能。对组合的各个位置上可能出现的词进行替换，就能造出新的句子。

(三)语法单位

1. 定义

语法单位是指能在组合的某一位置上被替换下来的片段，存在于具体的语句中。

2. 分类

(1)语素

语素是语言中音义结合的最小单位，也是最小的语法单位。

(2)词

语素构成词的规则叫作构词法，词的形式变化规则叫作构形法，构词法和构形法合称为词法。

①定义

词是造句的时候能够自由运用的最小单位。

a. “自由运用”是指能够单说(单独成句)或单用(单独做句法成分或单独起语法作用)。

b. “最小的”是说词是不能扩展的，即在词内部一般不能再插入别的成分。

词是比语素大一级的单位，词由一个或多个语素组成。由一个语素构成的词叫作单纯词，由两个以上语素构成的词叫作合成词。

②分类

从意义和作用看，词可以分为实词和虚词两大类。

a．实词有实在的意义，它储存着人们对现实现象的认识成果。语言里面绝大多数的词都是实词。实词能作句子的主要成分，有许多还能够单说，单独回答问题。

b．虚词，又称辅助词，这些词是专门用来表示语法意义的，一般不表示词汇意义。它们为数不多，但是出现的频率高，起着非常重要的语法作用。

(3) 词组

词组是指由两个或多个词构成的一定的组合关系，是经常在不同的句子里一起使用的固定语句片段。词组分为自由词组和固定词组：

①句子里的绝大部分词组都是根据表达的需要临时做出的组合，这类词组称为自由词组。

②语言中也有不少必须完整地记住的词的固定组合，这类词组称为固定词组。固定词组的结构和意义都是凝固的，在组合中的作用相当于一个词。成语是固定词组中的一种特殊类型。

(4) 句子

①定义

句子是最大的语法单位，也是语言用于交际时最小的使用单位。交际中用来对话的一个单说的片段，不管多么短，都是一个句子。

②类型

根据句子的结构特点，句子可以归纳为若干结构类型，简称句型。句型根据表达的语气又可分为若干句式。

a．陈述句是客观地叙述一件事情。

b．祈使句是向对方发出请求或命令。

c．疑问句是对所述的事情表示疑问。

d．感叹句表达强烈的感情。

③特点

a．任何句子都是为了一定的交际目的在说话时临时组织起来的。

b．在语音上，句子和句子中间有比较大的停顿。它的结尾应该用上句号、问号、省略号或感叹号，且疑问句呈上升语调，其他句型呈下降语调。

c．在语法结构上，句子往往有特定的组配要求，如主谓、述宾、偏正、联合和述补等；表达句法结构的语法手段主要有词序、虚词、构形形态、语调等几种。

二、组合规则

(一) 语素组合成词的规则

1．语素的分类

根据语素在词中的不同作用，分成词根和词缀。

(1) 词根是有实在意义的构词语素，是词的核心部分，既可单独成词，也可与词缀一起成词。词的词汇意义主要由词根来表达，没有词根不能成词。

(2) 词缀是只能黏附在词根上的语素，本身不能单独构成词。

2．词缀的分类

表 4-1　词缀的分类

要点	具体内容	
按与词根语素的位置关系分类	前缀	黏附在词根前面的词缀称为前缀
	中缀	插入词根中间的词缀称为中缀
	后缀	黏附在词根后面的词缀称为后缀
按其功能分类	派生词缀	加在词干上构成新词的词缀，分为前缀和后缀，前缀一般改变词的意义，后缀改变词性
	屈折词缀	又称词尾，加在词干的后边，传递不同的语法关系或语法范畴，如数、时、格等
说明	根据语素在词中的不同作用把它分成词根、词缀、词尾三类，其中词根和词缀是构词语素，词尾是变词语素	

3. 词的分类

(1)单纯词

单纯词是指由一个词根语素或一个词根语素加上屈折词缀构成的词。

(2)合成词

合成词是指由两个或两个以上的构词语素组成的词。

①复合词：由词根语素按一定的规则组合起来构成的合成词。

②派生词：由词根语素和派生词缀组合起来构成的合成词。

(二)词组成词组和句子的规则

1. 词的五种基本组合关系

(1)主谓结构

①主谓结构反映主体与主体的动作、状态、性质的关系。

②汉语中主谓结构的语法形式主要是类的配列：主语在前，谓语在后；形态在组合上的配合变化也可以作为主谓关系的语法形式。

(2)述宾结构

①述宾结构由有支配、涉及关系的两个成分组成，前头起支配作用的部分是述语，表示动作行为；后头被动作支配的部分是宾语，表示做什么、是什么。

②汉语中述宾结构也主要由类的配列来体现：述语在前，宾语在后；述语几乎都是动性的，宾语大多是名性的。形态或格助词也是常见的表达述宾关系的语法形式。

(3)偏正结构

①偏正结构反映修饰和被修饰的关系。汉语中偏正结构也主要由类的配列来体现：修饰语在前，中心语在后。

②汉语中偏正结构分为定中结构和状中结构：

a. 定中结构的中心语是名词性的，定语以名词为多。

b. 状中结构的中心语是动词性的(包括形容性的)，状语以副词为多。

(4)联合结构

①联合结构的构成成分在语法上是平等的。联合结构的结构成分可以是两项，也可以是两项以上。但不管有多少项，它们在更大的结构中只能充当一个结构成分。

②汉语中联合结构的主要语法形式是类的配列，即相同属性的类相联合。联合结构关系中的成分同为名词性或者同为动词性。另外，虚词也是体现联合结构常见的语法形式。

(5)述补结构

①述补结构由述语和补语组成，补语接在述语之后，补充说明述语的结果、程度、趋向、可能、状态、数量、目的等。补语与述语之间是补充与被补充，说明与被说明的关系。

②汉语中述补结构关系各成分是相对固定的，述语是动词性的，补语是形容词性或副词性的。有时还需要虚词来体现这种结构关系。

2. 五种结构的意义

(1)主谓结构的意义是“陈述”。

(2)偏正结构的意义是“修饰”。

(3)联合结构的意义是“并列”或者“选择”。

(4)述宾结构的意义是“支配”。

(5)述补结构的意义是“补足(述语)”。

(三)组合的层次性

语言中的句子都是由五种基本结构一层层套起来组成的。

1. 分析句子成分的方法

层次分析法:

(1)先找出句子是由哪两个最大的部分直接组成的，确定这两部分是什么关系(结构类型)。

(2)用同样的方法逐一分析这两大部分，找出它们各由哪两个部分组成，又分别是什么关系，这样一层层分下去，直到全部都是单个的词为止。

2. 句子的直接组成成分

(1)定义

句子的直接组成成分是指同一个句子内两个直接组合的组成成分。

(2)层次分析的意义

①层次分析法认为，句子的结构是一层套一层的，在每一层上，除了联合结构等有可能由多个并列词语组成外，其余都能分出两个直接组成成分，它注意到了句子构造的层次性，有效地化分了歧义句。

②层次分析只管直接成分之间的语法结构关系，不管间接成分之间的语法结构关系或句法结构中实词与实词之间的语义结构关系，揭示了语法的客观规律。

3. 类配列的层次性

在现代汉语中，类配列主要体现在句法结构与词法结构中。表达语法意义的语法形式除了有类的配列之外，还有形态的一致性配合和虚词。

4. 词组的类

(1)词有动词、名词的词类区分，词组也有动性、名性的区分。动性词组有状中词组、述宾词组和述补词组，名性词组有定中词组。

(2)确定词组的类的方法

将词组放置于上一级句子结构中，看是否可以用名词或动词进行替换，借此可观察其所充当的句子成分。

①述宾词组可以用不及物动词替换。

②述补词组可以用动词替换。

③定中词组可以用名词替换。

（四）组合的递归性和开放性

1．递归性

递归性是指在语言中同一种语法结构可以层层嵌套，同一条结构规则可以重复使用而不致造成结构上的混乱。

2．开放性

开放性是指在语言中各个基本结构可以无限制地嵌套，但它所表示的语法意义不变。

【名师点拨】组合的层次性、递归性、开放性理论性比较强，内容比较抽象，考生必须加强实践练习，做到熟练运用。此外，组合的递归性也是历年考研真题中的常考知识点，考生须重点掌握。

三、聚合规则

（一）词类

1．定义

词类是指根据词的某种语法特征给词所分的类别。词的语法特征具体表现在词法和句法两方面。

（1）划分词类所根据的词的词法特征是指表示词的某种语法意义的形态。

（2）划分词类所根据的词的句法特征是指词在句子中的地位以及词和其他词的结合能力。

2．分析词类的必要性

（1）每种词类都有自己的特点，只有知道一个词属于哪种词类，才能正确地使用它们。

（2）对汉语来说，划分词的标准是语法功能，只有分析词类才能更好理清句子的语法结构，从而得出汉语语法的客观规律。

3．词类划分

从词类划分来看，名词、动词、形容词等是最大的类，它们在基本结构中的分布及与某些虚词的搭配方面有大致的区分。

每一类词在更细致的结构类型中的分布不相同，据此可以把词分为更小的类。

4．兼类词

（1）定义

兼类词是指某种语言中的一个词既可以属于这一类，也可以属于那一类。

（2）确定一个词的兼类的条件：

①要确定所讨论的是同一个词。

②词类已经明确。

（3）汉语由于缺少形态变化，所以兼类词比较常见，可以分为三种：

①名词与动词的兼类词，比如“经历”。

②名词与形容词的兼类词，比如“错误”。

③形容词与动词的兼类词，比如“讨厌”。

（二）形态

1．定义

形态，又称词形变化，是指在有些语言中词与词组合时形式要发生变化。同一个词与不同的词组合就有不同的变化。词形变化（Inflection or inflexion）是指单字（或词根）拼法的改变，它导致语法功能改变，进而使其代表的意义也有所改变。

2. 功能

词形变化是词进入组合结构关系所要求的。词形变化会导致词的语法功能改变，进而使其代表的意义也有所改变，因此词形变化也可以作为词类的划分标准。

(三)语法范畴

1. 定义

语法范畴是指词形变化所表现的语法意义的聚合。语法范畴有广义和狭义之分：

(1)广义的语法范畴是对各种语法形式表示的语法意义的概括。语法意义是从各种具体词语的意义和用法中进一步概括出来的高度抽象的意义，它既包括各种语法形式，也包括结构、功能等意义。

(2)狭义的语法范畴是对以词的形态变化表示的语法意义的概括。常见的语法范畴有性、数、格、体、时、态、人称等。

2. 分类

表4－2 语法范畴的分类

要点	具体内容
性	性是主要与名词相关的语法范畴，某些语言里一般把名词分为阴性、阳性、中性或二分为阴性、阳性，并用不同的形式标志表示
数	数也是主要与名词相关的语法范畴，一般包括单数和复数两种意义
格	格是表示词语之间结构关系和语义关系的语法范畴，出现在英语、法语等西方语言中
体	体是动词特有的语法范畴，表示动作行为进行的各种阶段和状态
时	时也是动词的语法范畴，表示行为动作发生的时间，这个时间往往以说话的时刻为准，分为现在、过去、未来。时和体的关系非常密切，往往互相配合，甚至成为一体
人称	人称是表示动词与主语在人称上的一致关系的语法范畴，一般通过动词的形态变化来区分第一人称、第二人称和第三人称
态	态，又称语态，是动词特有的语法范畴，表示动作和主体的关系。一般通过动词的形态变化来区别主动态和被动态。采用哪种语态与动作的发出者和承受者有关，也和说话者的主观视角、语言的运用相关

3. 特点

(1)有共同的意义领域。单数和复数都是对名词数量的描述。现在时、将来时、过去时都是对动作发生时间的描述。

(2)同一语法范畴中的各个变化形式是互相对立的、排斥的。有的选择决定于意义，有的决定于结构内部的相互制约。

(3)处于同一语法范畴中的各项相互联系、相互制约。它们的意义与语法功能取决于在整个语法范畴中的位置和排列关系，并且随着其他项的变化而变化。项的增加或减少也会引起其他项的意义的变化。

【名师点拨】语法的组合规则和聚合规则是语法一章中的核心知识点之一，尤其词缀和语法范畴考生必须重点掌握。理解语法范畴的含义，注意语法范畴同语法意义的区别与联系，把握常见语法范畴的内涵，学会利用外语中的材料来理解性、数、格、时、体、态的实质与表现，注意区分语法范畴表达的意义与词汇手段表达的类似意义。

四、变换

(一)变换和句型

语言中纷繁复杂的句子都可以归并为一定的句子格式，这些句子格式之间还可以表现出种种具有规律性的对应关系。因此，这些句子便可以根据这种规律变成另一种格式的句子。句子根据不同格式之间表现出的规律变成另一种句子的方法叫作变换。

(二)变换的方式

1. 省略

省略，又称删除，是指去掉句子的某些成分，这是最常用的一种变换方式。在连续的话语或对话中，各种句子成分都可省略。

2. 移位

移位，又称易位，是指改变词语的先后位置，也是很常用的变换方式。

3. 插入

插入是指在句式变换时添加某些词语，一般是添加虚词或助动词、副词等。

4. 替代

替代是指用代词替换某些词语。

5. 复写

复写是指在句法变换时重复某些词语或词语的一部分。

(三)变换的意义

1. 变换可以证明形异而实同的结构。如现代汉语的“动词 + 名量”跟“动词 + 时量/动量”历来被认为是不同的结构，但是它们的变换式却相同。

2. 变换分析能够比较合理地揭示歧义现象。如有些歧义句运用显性语法规律区别不了，但在变换式中却能够显现出来。

3. 变换也有助于辨析句法意义之间的细微差别。如“他卖了一头猪”和“他死了一头猪”，不管用句子成分分析法还是用层次分析法来分析，这两个句子的结构都是相同的，但用句法变换分析，可以发现这两个句子内部的语义关系是不同的：前一句可以通过移位变成：“他把一头猪卖了”，后一句不能照样变成“他把一头猪死了”。

【名师点拨】句式变换与变换分析法、转换生成语言学有着紧密的联系，考生需识记句式变换的原则和方法，理解句式变换后的意义关系和句式变换的作用，多思考、多分析语言实例，并结合变换分析法、转换生成语言学进行整体把握。

五、语言的结构类型和普遍特征

(一)语言的语法结构类型

按照语言中的词有无形态或有何种形态，可以把世界上的语言分成若干类型，这是一种共时性的划分。一般把语言分为孤立语、屈折语、黏着语和复综语四种。

1. 孤立语

(1)定义

孤立语，又称词根语，是指没有构形语素或基本无构形语素的语言。

(2)特点

在孤立语中，由于没有或缺乏构形语素，词不发生语法形式变化，语序和虚词成为基本的语法形式。

(3)语言典型

汉语、越南语、彝语、侗语、苗语、壮语等都属于这一类型的语言。

2. 屈折语

(1)定义

屈折语，是语言中有构形语素且构形语素能表示多种语法意义的语言。

(2)特点

屈折语利用词根内部的语音变化来构成词的不同的语法形式，如英语有些名词的单复数形式、动词的现在时和过去时形式，就是用内部屈折的手段构成的。在屈折语中，一个构形语素可以表示几个语法意义，如俄语中的 -a 就表示阴性、单数、主格的语法意义；每种语法意义可以用不同的构形语素来表示，如俄语名词的阳性、阴性、中性形式和单复数形式都用多种构形语素表示。

(3)语言典型

俄语、法语、德语、西班牙语、英语、阿拉伯语等都是这种类型的语言。

3. 黏着语

(1)定义

黏着语，是一个构形语素只表示一种语法意义的语言。

(2)特点

黏着语中没有内部屈折，一个构形语素只表示一个语法意义，而一个语法意义也只用一个构形语素表示。在这种语言中，词要表示几个语法意义，就要加几个构形语素。

(3)语言典型

日语、朝鲜语、土耳其语、维吾尔语、蒙古语、芬兰语、匈牙利语都是这种类型的语言。

4. 复综语

(1)定义

复综语，又称多式综合语，是在动词词根前后附加很多表示词汇意义、语法意义的语素，一个词表达的意义相当于其他语言一个句子表达的意义的语言。

(2)特点

与孤立语不同，复综语的词根和词缀都不能独立，而孤立语的词一般都是独立的。与黏着语不同，复综语的词缀既表示语法意义，也表示语汇意义，而黏着语的词缀一般只表示语法意义，不表示语汇意义。

(3)语言典型

北美的大多印地安语、爱斯基摩语以及高加索诸语言都是这种类型的语言。

(二)语法结构不能分优劣

1. 语言的结构类型是就结构的基本面貌来说的，不是说屈折语中没有其他结构类型的成分，或者孤立语中没有任何黏着、屈折的成分。世界上没有一种语言纯粹属于某一种结构类型。

2. 从语法结构的产生来看，语法结构固定，是为了方便语言的学习。不同的国家与民族有不同的语法结构，他们本民族的语法结构都可以做到使用方便、自然、习惯。

3. 从语言的表达效果来看，语法结构没有优劣。语言是为了表情达意，语法结构只是交流时的语言的使用规范。

（三）语言的普遍特征

1. 语言结构的基本原理

所有语言结构的共同性之一在于语言的两层性，即音系层和语法层。整个语言就依靠这两个层面上的大大小小的单位构成的聚合关系和组合关系在那里运转。

2. 语言的普遍特征

语言的“普遍特征”是指除了语言结构的基本原理外，人类语言的一些较为具体的共同特点。

（1）一切语言都有名词性词语和动词性词语的基本区分，尽管不一定有形态的标记。

（2）一切语言至少有由名词性词语和动词性词语构成的句子。

（3）一切语言都有形容词性词语修饰名词性词语，副词性词语修饰形容词性词语的词组。

（4）一切语言都有办法把动词性词语的全部或一部分转成名词性词语；把动词性词语转成形容词性词语。

（5）一切语言都有办法把几个名词性词语连在一起，把几个动词性词语连在一起。

（6）一切语言都有否定句和疑问句，都能够把某些句子变成祈使句。

（7）一切语言的名词性词语和动词性词语都至少有两种发生关系的方式。

【名师点拨】语言结构不能分优劣、语言既有个性，也有共性，考生需初步了解语言的一些普遍特征，认识各种类型语言的主要特点，并结合汉语和其他外语中的现象来理解本节谈到的内容，从而理解语言的类型差异。

4.2　考研真题与典型题详解

一、填空题

1. “老头儿”中的“儿”是附加在______上的，而不是附加在______上的。［北京师范大学 2012 年研］

【答案】老头；头

【解析】“儿”的添加并未形成一个新词，所以它是一个构形词缀，构形词缀需要附加在词根上。如果认为“儿”是先加在“头”上，一方面“头”无法代表“老头”的含义，不是词根，另一方面，“老”也就会被看作词缀，但“老”在这里有“年老”这一实义，显然不是词缀。因此“儿”是附加在“老头”上，而不是“头”上的。

2. 语言能生成长度无限的句子是因为组合有______性。［北京语言大学 2010 年研］

【答案】递归

【解析】递归性是指在语言中同一种语法结构可以层层嵌套，同一条结构规则可以重复使用的语言特点。递归性是组合的重要特点。语言是用有限的词的单位通过有限的递归法则无限次递归形成的系统。

3. 汉语语法的递归性是指______。［中国人民大学 2011 年研］

【答案】相同语法规则的重复利用和不同语法结构的层层嵌合

【解析】语言语法的递归性，是指将相同语法规则重复利用，也就是相同的规则可以在相似的情况下重复使用；不同语法规则的层层嵌合，即不同语法结构的不断联合使用。一门语言中，句子的格式和长短各种各样。即使语法具有抽象性，也不可能、也不需要总是增加新的规则，这不符合语言以实用为目的的原则。这时就需要让一种规则多次起作用。

4．一个语法范畴包含的语法意义至少有______个。[北京语言大学2010年研]

【答案】两

【解析】语法范畴的特点决定，语法范畴中的各个变化形式必须是同一意义领域，相互对立排斥的，所以要满足相互对立，至少在一个语法范畴中要有两个或者两个以上的变体形式。例如，数这个语法范畴中就至少要有单数和复数两个变体形式。

5．是否能够______是区分词和语素的根本特点。[西北大学2018年研]

【答案】自由运用

【解析】语素是语言中最小的音义结合体。一个语言单位必须同时满足三个条件——“最小、有音、有义”才能称为语素。词是语言中造句的时候能够自由运用的最小单位。是否能够自由运用是词和语素的最大的区别。

二、判断题

1．数的语法范畴在所有语言中都存在。[北京语言大学2011年研]

【答案】错误

【解析】许多语言都有数的语法范畴。数一般包括单数和复数两种意义。但并非所有的语言都有数的语法范畴，如汉语缺少形态变化，所以严格地说，汉语没有数的语法范畴。

2．动词加动词可以构成述宾短语。[首都师范大学2012年研]

【答案】正确

【解析】述宾短语是由有支配、涉及关系的两个成分组成，前面起支配作用的部分是述语，表示动作、行为，后面被动作支配的部分是宾语，表示做什么、是什么。动词加动词只要是表示这样的关系，也是述宾短语，例如“接受批评”，“接受”是动词，“批评”也是动词，“批评”又是“接受”的对象，因此是述宾短语。

三、选择题

1．“上网费每分钟0.05元”属于(　　)。[首都师范大学2012年研]

A．动词谓语句　　B．形容词谓语句　　C．名词谓语句　　D．主谓谓语句

【答案】D

【解析】主谓短语充当谓语的句子称为主谓谓语句。“上网费每分钟0.05元”属于主谓谓语句。

2．“他昨天去过北京路”中的“过”所表达的语法意义属于(　　)。[中山大学2012年研]

A．时范畴　　B．人称范畴　　C．情态范畴　　D．体范畴

【答案】D

【解析】体是表示动作行为进展的语法范畴，分为完成体和进行体，表示动作或过程在某一时间的表现方式或进行情况。题干中，汉语动词加“过”语法意义属于体范畴，表示动作行为的完成。汉语动词加“过”的现象，一般认为表示经历体。

3．英语名词后面加上词尾s或es，或俄语阴性名词词尾A变成BI，这种变化属于语法范畴中的(　　)。[中国传媒大学2012年研]

A．性　　B．数　　C．格　　D．人称

【答案】B

【解析】英语通过在名词后面加上词尾s或es来表示复数，俄语阴性名词通过把词尾A变成BI来表示复数。两者都属于数的语法范畴。

4. 汉语中“他”和“她”的不同，所涉及的对立是(　　)。[中山大学 2010 年研]

A. 性的区别　　B. 数的区别　　C. 格的区别　　D. 书写形式的区别

【答案】D

【解析】汉语中的人称不属于语法范畴，因为没有形态变化。A 项，性是主要与名词相关的语法范畴，某些语言里一般把名词分为阴性、阳性、中性或二分为阴性、阳性，并用不同的形式标志表示。B 项，数一般包括单数和复数两种意义。C 项，格是表示词语之间结构关系和语义关系的语法范畴，出现在英语、法语等西方语言中。

5. 下面说法中正确的是(　　)。[中国传媒大学 2012 年研]

A. 语言具有可变性是因为语言符号具有离散性

B. 句法多义是指一个句法格式可以表示几种不同的结构意义

C. 基本词汇就是语言的基础

D. 语言是一个层级体系，它的上层可以分为音位、语素、词、句子四级

【答案】B

【解析】A 项，语言的可变性是指能指与所指之间的关系出现变化或转移的可能性，语言具有可变性和社会因素密切相关。C 项，基本词汇就是人们使用频率特别高的那种词，它们和语法共同构成了语言的基础。D 项，作为一个层级体系，语言系统分为两个层次：下层是音素、音节和音位，上层是语素、词和句子。

6. 孤立语、屈折语、黏着语、复综语是根据(　　)划分出来的语言类型。[中国传媒大学 2012 年研]

A. 形态　　B. 语序　　C. 亲属关系　　D. 文字

【答案】A

【解析】按照语言中的词有无形态或有何种形态，可以把世界上的语言分成若干类型，这是一种共时性的划分。一般把语言分为孤立语、屈折语、黏着语和复综语四种。形态即是词法的区别，又称词形变化，是指同一个词与不同的词组合产生不同的变化，这些不同的变化形成一个聚合。

四、名词解释

1. 语法[北京师范大学 2010 年研]

答：语法是词、短语、句子等语言单位的结构规律，即说话所遵守的词句排列组合的规矩。语法有两个定义：一是指语法结构规律本身，即平常说的语法事实；二是指语法学，即研究、描写、解释语法结构规律的科学，是对客观存在着的语法系统的认识和说明。语法具有抽象性、生成性、层次性、递归性、系统性和稳固性等特征，一般包括词法和句法：词法是指词的构成和变化的规则；句法是指词或词组组成句子的规则。

2. 语素[东南大学 2024 年研；华中师范大学 2023 年研；华中科技大学 2023 年研；中央民族大学 2021 年研；中国社会科学院 2020 年研]

答：语素是语言中音义结合的最小单位，也是最小的语法单位。语素可以根据不同的角度划分出不同的类型。根据语音的数量可以划分为单音节语素和多音节语素。例如，“马”是单音节语素，“葡萄”和“歇斯底里”是多音节语素。根据语素在词中的不同作用把它分为词根和词缀，例如，“石头”中“石”是词根，“头”是词缀。

3. 层次分析法[厦门大学 2024 年研；中国人民大学 2015 年研；武汉大学 2012 年研]

相关试题：直接成分分析法[北京师范大学 2014 年研]

答：层次分析法是语法分析中的一种重要方法和原则。利用层次分析法分析短语和句子时，尽量切分出两个直接组成成分，即一分为二，所以又称“二分法”。这种分析法最能反映出短语和句子内部的组合层次，因而将其称为“层次分析法”。层次分析实际包含两部分内容：一是切分，二是定性。切分，是解决一个结构的直接组成成分到底是哪些；定性，是解决切分所得的直接组成成分之间在句法上是什么关系。

4. 零形式［中山大学 2010 年研］

答：零形式是指用词的原形式来表达不同的语法意义的一种语法手段。语言学中的零形式是指在深层语义中，理论上存在一个与它紧密相邻的结构成分。这个结构成分在表层结构中的形式是零，在实际话语中不能添补。零形式这个概念是从数学引进到语言学领域的。语言学中的零，表示的不是无的概念，而是表示空位的意思。例如，在英语中，有 boy/boys 单复数的对立，boys 有复数形式的标记 - s，那单数就以不加标记的形式为标记从而形成区分功能，这就是零形式。

5. 聚合规则［西南交通大学 2023 年研；北京语言大学 2010 年研］

答：聚合规则是指语法单位的分类和变化规则。具有相同语法特征的单位总是聚合成类，供组合选择。聚合规则包括词类、形态和语法范畴三部分。词类是根据句法功能确定的词的聚合。同一个词与不同的词组合就有不同的变化，这些不同的变化形成的聚合叫作形态。语法范畴就是词形变化所表达的语法意义的类，是由词的变化形式所表示的意义方面的聚合。

6. 内部屈折［西南交通大学 2024 年研；温州大学 2016 年研；中国传媒大学 2013 年研］

答：内部屈折是通过改变词中语素的部分语音来表示语法意义的一种方式，又称语音交替或音位交替。例如，英语中的不规则动词，大多是用语音交替来表示形态变化的，如 bend - bent、build - built。内部屈折不同于附加词缀，后者不改变词根或词的内部语音，而是附加另外的语素，前者改变词或词中语素的内部语音，而不附加另外的语素。内部屈折的作用在不同的语言中有所不同。阿拉伯语主要用内部屈折表示形态变化；英语的内部屈折只是辅助性手段，只有少数不规则动词用内部屈折表示形态变化；而现代汉语一般来说没有内部屈折这种方式。

7. 词类［西北大学 2018 年研；浙江大学 2010 年研］

答：词类是词的语法性质的分类。划分词类的目的在于说明语句的结构和各类词的用法。分类的依据是词的语法功能、形态和意义，主要依据是词的语法功能，形态和意义是参考的依据。按照汉语语法的传统，词可以先粗略地分为实词和虚词。实词再细分为名词、动词、形容词、区别词、数词、量词、副词、代词；虚词再细分为介词、连词、助词、语气词；此外还有拟声词和叹词两类特殊的词。

五、辨析题

1. 语法意义；语法范畴［南开大学 2011 年研］

相关试题：

(1) 语法意义和语法范畴［名词解释，中南大学 2011 年研］

(2) 语法意义［名词解释，西南交通大学 2023 年研；中国传媒大学 2012 年研］

(3) 语法范畴［名词解释，四川大学 2023 年研；陕西师范大学 2023 年研；中央民族大学 2021 年研；上海师范大学 2019 年研；北京大学 2018 年研；南京师范大学 2018 年研；中国传媒大学 2016 年研；华中师范大学 2013 年研］

答：语法意义与语法范畴的相同点和不同点表现如下：

（1）相同点

语法范畴是对各种语法形式表示的语法意义的概括，语法意义也是从各种具体词语的意义和用法中进一步概括出来的高度抽象的意义，两者的具体所指是相同的。

（2）不同点

①语法意义是由语法形式表示的反映词语的组合方式、组合功能、表述功能等的高度抽象的意义。如主谓关系、动宾关系等是反映组合方式的，名词、动词等是反映词语的组合功能的，陈述、疑问等是反映词语的表述功能的。词形变化所表现的语法意义的聚合称为语法范畴。常见的语法范畴有性、数、格、时、体、态、人称等。

②语法范畴是词形变化所表达的语法意义的类。

2. 时；体［南开大学 2011 年研］

相关试题：时和体的联系与区别。［南京师范大学 2024 年研］

答：时与体的联系和区别，具体表现为：

（1）联系

“时”和“体”都是动词特有的语法范畴。

（2）区别

①“时”和“体”内涵不同

a. “时”是动词的语法范畴，表示行为动作发生的时间。这个时间往往以说话的时刻为准，分为现在、过去、未来。在某些语言中，“时”的变化以动词形态的变化来体现。如英语中的现在时“He works（他工作）”，过去时“He worked（他工作过）”。

b. “体”范畴是表示动词所反映的动作行为进行状况的一组特征。不同语言的“体”范畴的表现各不一样。在俄语等斯拉夫语中，有完成体和未完成体的对立。英语动词有进行体和完成体，如英语“I am reading the book（我正在读这本书）”是进行体，“I have written the book（我写完了这本书）”是完成体。汉语在动词后面加“了、着、过”等助词表示相应的意义。

②“时”和“体”侧重点不同

a. “时”范畴侧重于客观的时间，即以说话时间为参考，动作行为是发生在过去、现在还是将来，据此“时”范畴可以分为过去时、现在时和将来时。

b. “体”范畴则侧重于动作行为本身的完成情况，即在说话时间，动作行为已经完成还是尚未完成，或者是两者的结合，据此“体”范畴可以分为进行时、完成时和完成进行时。

3. 句法同义；句法多义［武汉大学 2011 年研］

相关试题：句法同义［北京语言大学 2011 年研］

答：（1）句法同义

句法同义是指几种句子格式表示相同或相近的动－名语义关系。如：

①我打破了杯子。

②杯子被我打破了。

③杯子我打破了。

④我把杯子打破了。

虽然这四个句子句法组合有别，依次是动词性述宾谓语句、动词性述补谓语句中的“被”字句、动词性主谓谓语句、动词性述补谓语句中的“把”字句，但是它们的结构意义相同或相近，“我”都是施事者，“杯子”都是受事者，所以属于句法同义。处在同义关系中的若干语句格式，可以按照一定的规则，互相变换。

(2)句法多义

句法多义就是指在一个句法结构中，包含有两种或两种以上的结构意义，不同的人可以做出不同的解释，从而造成理解上的差异。产生句法多义的原因有多义词、兼类词、同形结构等。如"衣柜没有锁"，"锁"既可以作名词，表示"没有安装锁"，又可以作动词，表示"没有锁住"。

4．派生词缀；屈折词缀［中国人民大学 2018、2017 年研］

答：词缀按其功能可以分为派生词缀和屈折词缀。两类词缀有以下区别：

(1)就能产性而言，一般屈折词缀要逊于派生词缀。屈折词缀常常在词干后面添加一个微小的或微妙的语法意义，作用在于生成同一个词素的不同形式，而不能改变词素的根本意义。相反，派生词在新词的生成上具有很强的能产性。

(2)屈折词缀不改变原词的词类，如 flower(花)和 flowers 都是名词；而派生词缀有可能改变原词的词类，如 small(形容词，小的)和 smallness(名词，小气)，也有可能不改变原词的词类，如 brother(名词，兄弟)和 brotherhood(名词，兄弟情谊)。

(3)是否使用屈折词缀取决于短语或句子内部的其他成分，如 The boy likes to navigate on the Internet.（这个男孩喜欢上网冲浪。)其中选择 likes 是由句子中的主语 the boy 决定的；而派生词缀的使用更多的是根据简单的意义差别，如选择使用 clever 还是 cleverness 取决于说话者是要谈论聪明的性质(clever)还是聪明的状态(cleverness)。

(4)英语中的屈折词缀绝大部分是后缀，总是在单词的词尾(如 drums，walks，Mary's)；而派生词缀可以是前缀(如 suburban，depart，online)，也可以是后缀(如 slaver，teacher，workable)，有时可以同时是前缀和后缀(如 international，supernational)。

六、分析题

1．"打一下"为什么是述宾结构？［北京大学 2013 年研］

答：(1)述宾结构的前后是支配与被支配、关涉与被关涉的关系。前头起支配作用的部分是动语，表示动作行为；后头被动作支配的部分是宾语。述语主要由及物动词充当，宾语一般是体词或体词性短语，也可以是谓词、谓词性短语或主谓词组。

(2)短语"打一下"中，中心动词"打"为及物动词，后面须带宾语表示"打"的对象或动作完成的次数。"一下"是量词短语中的动量短语，在汉语中量词短语可以用在及物动词后面充当准宾语。"一下"用在及物动词"打"之后做"打"的准宾语，表示"打"的数量，所以说"打一下"是述宾结构。

2．英语"worker"中的"－er"和"working"中的"－ing"是同一类词缀吗？为什么？［中国传媒大学 2014 研］

答：英语"worker"中的"－er"和"working"中的"－ing"不属于同一类。

(1)词缀和词尾

词缀是构成新词的语素，附着于词根，本身不能单独构成词，可分为前缀、中缀、后缀几种。词尾在词中的位置固定，不是词的主干，不构造新词，也不改变词的词汇意义和语法类别，只改变词的语法范畴意义，构形语素包括英文中的复数"s"等。

词缀和词尾的异同主要表现为：

①相同点

两者都意义虚化，不能独立运用。

②不同点

a. 位置不同。词尾只出现在词的末尾，词缀可以出现在词的前中后。

b. 功能不同。词缀构成新词，是词的构成部分，是构词语素。词尾不构成新词，只是改变词的形式，表示某种语法意义。

(2)“worker”和“working”

work：

构词 - 加词缀：worker。

构形 - 加词尾：working、worked、workers。

“worker”当中，“ - er”是词缀，使“work”增加了一些新的意义，由“工作”的意义，变成“工人”的意义，是词缀。“working”当中的“ - ing”只是表示进行时的状态，没有增加新的意义，是词尾。因此，两者是不一样的。

3. 根据下列祖鲁语、英语、汉语、河北藁城话的部分词语对应表，回答问题：

	单数	复数			意义
祖鲁语	umfani	abafani			男孩子(boy)
	umbazi	ababazi			雕工(carver)
	umfundisi	abafundisi			老师(teacher)
	umfundi	abafundi			读者(reader)
英语	a horse(一匹马)	three horses(三匹马)			
	a tercher(一位老师)	many teachers(许多老师)			
	a room(这个房间)	some rooms(一些房间)			
	a lady(这位女士)	ladies and gentle men(女士们先生们)			
汉语普通话	一个同学	同学们	三个同学	*三个同学们	
	一个房间	*房间们	八个房间	*几个房间们	
	一匹马	*马们	几匹马	*几匹马们	
河北藁城话	一条裤子	裤子们	几个裤子	*几条裤子们	
	一头猪	猪们	三头猪	*三头猪们	
	一个学生	学生们	三个学生	*一些学生们	

(1)分析祖鲁语和英语表示单复数的语法手段的异同。

(2)分析汉语普通话与河北藁城话表示复数的差别。

(3)普通话中的“们”是否与英语、祖鲁语一样是一种表示复数的语法手段？为什么？

(4)“们”在汉语不同方言中的差异反映了语言演变的什么特性？[北京师范大学2012年研]

注：*表示没有这种说法。全书同。

答：(1)祖鲁语和英语表示单复数的语法手段的异同

①相同点：表示单复数的语法手段都可以通过屈折的方式。

②不同点：祖鲁语词语单数变复数采用内部屈折的方式，且复数名词前不能加数词；英语词语单数变复数采用外部屈折的方式，且复数名词前可以加数词。

(2)汉语普通话中“们”只用在表示人的名词之后，而河北藁城方言的“们”既可以放在表示人的名词后，也可放在表示物的名词后。

(3)不是。

①英语主要采用增加词缀“s”的外部屈折方式表示复数意义，祖鲁语主要通过词内部将“um - ”变为“aba - ”的内部屈折方式表示复数意义，两者表示数范畴的手段具有普适性和强制性，即只要需要表达数的概念，词本身都会按照上述规律发生变化，只有少部分零形式是例外，单复数之间是完全对立的关系。这些变化的意义主要是语法性的，不具备完全意义上

的词汇意义。

②汉语普通话中的“们”只能用在指人的名词后，动物、物品名词后面不能加，且当名词前面有表示数量或不定量的定语修饰时，也不能加，使用范围有限。汉语表达数量主要使用“数词＋量词＋名词”的办法，如“一本书”“三个人”等，名词本身没有形态变化，也没有“＊三个学生们”这种表达方式。另外，带“们”的形式和不带“们”的形式不能构成对立，如“老师都在教室里”和“老师们都在教室里”意思是相同的，这也证明了普通话中的“们”在词汇意义上具备复数的含义，但在语法意义上并不能被视为表达复数的语法手段。

(4)“们”在汉语不同方言中的差异体现了语言演变的不平衡性。

4. 下列两组词中，A 组里的词可加“able”词缀变为形容词，B 组则不行，据此回答：

A 组		B 组
wash(洗)	**washable(可洗的)**	**run(跑)**
read(读)	**readable(可读的)**	**rest(休息)**
work(工作)	**workable(可行的)**	**die(死)**

(1)AB 两组词的语法特征有什么区别？

(2)A 组词加了词缀后语义上有什么变化？

(3)为何 A 组能加后缀变成形容词而 B 组不能？［北京师范大学 2012 年研］

答：(1)A 组是及物动词，B 组是不及物动词。

(2)A 组词加词缀后都变成了形容词，意思变为“可……的”。

(3)因为增加后缀－able 之后，其语义发生了被动变化，例如：The book is readable 意义上等同于 The book can be read。A 组词为及物动词，可以发生被动变化；而 B 组为不及物动词，无法表达被动的意义，所以不能加后缀变为形容词。

5. 认真阅读以下语料并回答问题(英语和汉语注释不影响答题)。［北京师范大学 2013 年研］

(1)Agta 语：

A 组			B 组		
Agta 语	英语注解	汉语注解	Agta 语	英语注解	汉语注解
dakal	big	大	dumakal	grow big	长大
darág	red	红	dumarág	redden	变红
furáw	white	白	fumuráw	become white	变白

①Agta 语中“变成×”的语素是什么？

②Agta 语中“变成×”用的是什么语法手段？

③Agta 语中表示“变成×”的语素是什么性质的语素？出现在什么位置？

(2)Guam 语：

词根	英语注解	汉语注解	派生词	英语注解	汉语注解
atan	look at	看	atanon	nice to look at	很高兴看见
sangan	tell	告诉	sanganon	tellable	能告诉的
guaiya	love	爱	guaiyayon	lovable	可爱的
tulaika	exchange	交换	tulaikayon	exchangeable	可交换的
chalek	laugh	笑	chalekon	laughable	可笑的
ngangas	chew	咀嚼	ngangason	chewable	可咀嚼的

①Guam 语表示“－able”(可……的)所采用的是什么语法手段？

②Guam 语表示“－able”(可……的)的词缀有几种形式？是什么？

③几种词缀形式出现的环境是什么？

答：(1)①中缀“－um－”。

②附加法，使用的是添加中缀“－um－”的手段。

③一般是将形容词性的词语变为动词性词语的构词语素，出现在第一个辅音字母和第二个元音字母之间。

(2)①附加法。通过在动词词根后加上后缀“－on”或“－yon”来表示“－able”。

②表示“－able”的词缀有两种：“－on”和“－yon”。

③后缀“－yon”和“－on”出现的环境分别是：

a. 当词根以辅音结尾时，加后缀“－on”，例如，词根“atan”以辅音“n”结尾，则加后缀“－on”变成“atanon”。

b. 当词根以元音 a 结尾时，加后缀“－yon”。例如，词根“guaiya”以元音“a”结尾，则加后缀“－yon”变成“guaiyayon”。

6. 指出下面每个词是单纯词还是复合词，还是派生词。[南开大学 2011 年研]

剪刀　克隆　taller　绳子　棕色　菠萝　氧吧　dancer　质子　actually

答：单纯词：克隆、菠萝。

复合词：剪刀、棕色、质子、氧吧。

派生词：taller、绳子、dancer、actually。

7. 分析“牙刷”与“刷牙”有什么不同。[南开大学 2011 年研]

答：“牙刷”和“刷牙”的不同在于：

(1)词性不同。“牙刷”是名词，“刷牙”是动词。

(2)“刷”的义项不同。“牙刷”中的“刷”是“用成束的毛棕等制成的清除或涂抹的用具”的意思，“刷牙”中的“刷”是“擦拭，清洗”的意思。

(3)语法单位不同。“牙刷”是词；“刷牙”是离合词，既可以作词使用，也可以在中间插入其他成分作短语使用。

(4)句法位置不同。“牙刷”可以做主语、宾语，“刷牙”可以作谓语。

(5)语法结构不同。“牙刷”是偏正式，而“刷牙”是动宾结构。

8. 分析下列句子的述谓结构。[华中师范大学 2012 年研]

我姐姐昨天给我买了一台电脑。

答：

<u>我姐姐</u>　<u>昨天</u>　给<u>我</u>　<u>买</u>　了　<u>一台电脑</u>。

A　T　D　V　O

句子中，“我姐姐”是施事格，“昨天”是时间格，“我”是与事格，“买”是谓词，“一台电脑”是受事格。

9. 分析下面两个有歧义的语言片段的层次，并说明造成歧义的原因。[南开大学 2011 年研]

我是看着爷爷离开的。

你这可恶的儿子。

答：(1)我是看着爷爷离开的。

兼语句，产生歧义的原因在于“离开”的多义性。“离开”既可以表示“同人、物、地分开”，也可以表示“永别，去世”。所以，原句既可以表示“爷爷离开我这里到另外的地方去”，也可以表示“爷爷去世了”。

(2)你这可恶的儿子。

同位短语或定中短语，产生歧义的原因在于短语结构的不同。作同位短语，可理解为“你”就是“可恶的儿子”；作定中短语，可理解为“你”是“可恶的儿子”的领属。

10. 通过变换来分析下列两组句子中 a 与 b 不同的语义关系。[中山大学 2012 年研]

(1)a. 他喝醉了酒。b. 他喝完了酒。

(2)a. 三个人吃一锅饭。b. 一锅饭吃三个人。

答：(1)变换为“把”字句：

a. 他喝醉了酒。——＊他把酒喝醉了。

b. 他喝完了酒。——他把酒喝完了。

通过句式变换，可以发现两句话补语的语义指向不同：a 句补语“醉”指向主语“他”，b 句补语“完”指向宾语“酒”。

(2)变换为“把”字句：

a. 三个人吃一锅饭。——三个人把一锅饭吃了。

b. 一锅饭吃三个人。——＊一锅饭把三个人吃了。

通过句式变换，可以发现两句的语义关系不同：a 句语义关系是“施事主语 + 动词 + 受事宾语”；b 句的语义关系是“受事主语 + 动词 + 施事宾语”。

11. 下面是某一语言的四句话及普通话译文。

Дайте мне книгу поинтереснее （请给我一本比较有趣的书。）
请给 我 书 比较有趣

Эта книту самая йнтересная （这本书最有趣）
这 书 最 有趣

Это моя книга а то мой журнал （这是我的书，而那是我的杂志）
这 我的 书 而 那 我的 杂志

Я читаю зту книгу, он читаю тот журнал （我读这书，他读那杂志）
我 读 这 书 他 读 那 杂志

(1)分析该语言属于哪种语法结构类型的语言？

(2)分析上面四句话所体现的语法范畴。[中山大学 2012 年研]

答：(1)该语言属于屈折语，原因是：

①该语言中词与词之间的结构关系主要靠词形变化来表示，如“мне”(我)、“моя”(我的)等。

②该语言中一个词缀可以同时表示好几种语法范畴义，如“книга”(书)中的 -a 就同时表示阴性、单数、主格三种意义。

(2)该语言所体现的语法范畴有：

①性，主要是与名词相关的语法范畴，某些语言里一般把名词分为阴性、阳性、中性或二分为阴性、阳性，并用不同的形式标志表示。如俄语“книга”(书)中的 -a 表示阴性。

②数，一般包括单数和复数两种意义。如俄语“книга”(书)中的 -a 表示单数。

③格，是表示词语之间结构关系和语义关系的语法范畴，常出现在英语、法语等西方语

言中。如俄语“книга”（书）中的 – а 表示主格。

12. 下面是汉语方言湖南衡山前山话中“你、我、他”在具体句子里的不同发音。［中山大学2012年研］

(1)我［$ŋo^{33}$］来找他［$t^{h}a^{33}$］。

(2)你［$ŋi^{33}$］不要怕我［$ŋo^{44}$］哥哥。

(3)他［$t^{h}a^{44}$］妈妈就是你［$ŋi^{44}$］姐姐的老师。

(4)他［$t^{h}a^{33}$］要我［$ŋo^{33}$］告诉你［$ŋi^{33}$］消息。

(5)我［$ŋo^{44}$］娘在到处找你［$ŋi^{44}$］娘。

前山话的“你、我、他”有没有语法范畴？如果有，是用什么语法手段表达了什么语法范畴？

答：(1)前山话的“你、我、他”没有语法范畴。

(2)前山话的语法手段

①词形变化所表现的语法意义的聚合称为“语法范畴”。语法范畴必须有词形变化的形式体现。汉语缺少形态变化，严格地说没有语法范畴。

②前山话的“你、我、他”在具体句子里的不同位置分别有不同的发音，只是声调的变化，而词语本身并没有词形变化，即没有表现出可区别的语法意义，所以它们没有语法范畴。它们用来表示不同的对象，使用的是词汇意义，而不是语法意义。

13. 下列是部分广州方言的词汇和普通话的对比。请据此分析。

普通话：要紧　蔬菜　已经　客人　公鸡　母鸡　干菜　生鱼　汤匙

广州话：紧要　菜蔬　经已　人客　鸡公　鸡乜　菜干　鱼生　匙羹

(1)为这些异序词进一步分类。

(2)你如何解释这种“异序”现象？［中山大学2011年研］

答：(1)这些异序词可以按照词类进一步分为：

形容词：紧要。

副词：经已。

名词：菜蔬、人客、鸡公、鸡乜、菜干、鱼生、匙羹。

(2)“异序”现象的解释

广东方言中这些词汇与普通话相比，语素相同，语义相关或相同，次序相反，并且语素顺序改变后词性未发生变化，这属于同素异序现象。

14. “台上坐着主席团”“台上唱着戏”“台上摆着酒席”三个结构的语法意义相同吗？请运用相关的理论方法加以分析。［中国传媒大学2012年研］

答：(1)三句话语法意义不一致

三句话语法结构的格式都相同，但语义特征不同。语法范畴中的语义特征是指某一关键字所特有的特征意义，不同于词汇意义中的语义特征。

(2)用变换分析法对题干中的三个语法结构进行分析

“台上坐着主席团”可以变换主语与谓语的前后位置为“主席团坐在台上”，而“台上唱着戏”则不能将主语与谓语相互调换。“台上唱着戏”可以变换情态动词为进行时状态“台上正在唱戏”，而“台上坐着主席团”则不可以对“着”进行变换。“台上摆着酒席”既可以变换为“酒席摆在台上”，又可以变成“台上正在摆酒席”。

由此可以得出“动词 + 着”的不同的语法意义：

①“坐”+着：表示静止状态的持续。

②“唱”+着：表示动态的动作或行为。

③“摆”+着：既可以表示静止状态持续又可以表示动态动作和行为。

七、简答题

1. 简述复综语词根词缀与词根语、黏着语的词根词缀的区别。[武汉大学2013年研]

答：复综语词根词缀与词根语、黏着语的词根词缀的区别在于：

(1)复综语的词根和词缀必须连接成句使用，不能独立使用。复综语没有一个能独立使用的词，只能连缀成句子使用。比如汉语动词“吃”可以独立运用，但在美洲印第安语中，不能独立说出“吃”来，必须同时把谁发出吃的动作说出来，还必须把吃的对象说出来，所以一个词带出来的就是一个句子。

(2)词根语和黏着语的词缀与词根之间有较大的独立性，词缀都是附加在词根上，一个词能够区别出哪个是词根，哪个是词缀。

(3)词根语的复合词多，派生词少。词根是自由语素，能够独立成词，词缀是不成词语素，词缀数量很少，只限于“老、儿、头”等少数几个。一般是只附加在词根上表示语法意义。黏着语中，派生词多，词根必须和词缀结合成词，词根不能单独使用。词缀数量庞大，词缀的每一种变化只表示一种语法意义，多种语法意义就要用多个变词语素来表示。

2. 举例说明语法范畴有哪些。[北京大学2013年研]

相关试题：**列举五种语法范畴。**[山东大学2022年研]

答：参见本章复习笔记。

3. 请举例说明什么是屈折语。[华中师范大学2014年研]

相关试题：**屈折语**[名词解释，西南交通大学2023年研；河南大学2022年研]

答：(1)定义

屈折语是广泛使用词的形态变化作为语法手段的语言。屈折语的特点是通过各种屈折方式来表示语法意义。屈折可以分为内部屈折和外部屈折两种。

①内部屈折是指通过词的语音交替(改变部分语音)来构成不同的语法形式，表示不同的语法意义。如英语的foot(脚，单数)，feet(脚，复数)；sing(唱，原形)，sang(唱，过去式)。

②外部屈折是指通过附加词缀的方式表示不同的语法意义。如英语的book(书，单数)在后面加上词缀-s，就表示复数意义。

(2)特点

①屈折语的一个构形词缀可以同时表示几种语法意义，如英语的-s在动词后面表示第三人称、单数、现在时、主动语态，如works(工作，现在时，单数，第三人称、主动语态)。同样的语法意义，在不同的词里也可以用不同的词缀来表示，如俄语中性名词单数主格的词尾有-o(如перо钢笔)，-e(如поле田地)。

②屈折语的词根和构形词缀结合得很紧，如果去掉构形词缀，词根往往就不能成词，如俄语перо若去掉词尾“o”，пер-就不能独立使用。

4. 什么是语言结构规则的递归性？请举例说明。递归性和语言结构的层次性有什么关系？“山上架着炮”为什么会有歧义？[北京大学2010年研]

相关试题：**简述语言的递归性特点。**[中国传媒大学2010年研]

答：(1)递归性

①在语言中，同一语法结构的重复使用和不同结构的层层嵌套组合成更为复杂的语言结构而不致造成结构上的混乱，这一特征就是语言结构规则的递归性。

②递归性主要表现为两种类型

a. 同一语法结构的重复使用。即组合结构中的某个单位，可以不断地被一个同功能的短语替换，从而使基本结构里的某个项扩展为非常复杂的结构，但其作用仍然等于原始项，也即语言的整体结构与基本框架不变。例如，人民打倒了｜｜敌人/凶残的敌人/盘踞在中国大陆的凶残的敌人/盘踞在中国大陆二十多年的凶残的敌人/盘踞在中国大陆二十多年的幻想永远奴役他人的凶残的敌人。此例就是偏正结构的重复使用，加长了“敌人”的定语。

b. 不同结构的层层嵌套。在实际运用中，不同结构的嵌套比同一结构的重复使用还要常见。例如，我知道你知道我知道。这个句子可以不断地套合下去。

(2)递归性与层次性的关系

语言的层次性是就整个语言系统和各个子系统而言，它们都是分层次的，不是单一层次的，而是有上位层次、下位层次之分，如语素、词、短语、句子、语篇。语法规则的递归性和语法结构的层次性密切相关。语法结构的层次性在相当大的程度上是由递归性造成的，反过来讲，语法结构的层次性也为语法规则的反复使用提供了可能。

(3)歧义产生的原因

“山上架着炮”之所以是个多义短语，是因为动词的语义特征造成了歧义。由于动词“架”是一个既可以表静态特征又可以表动态特征的动词，因此，在对此句的理解上就产生了两种意义，即句法多义现象。既可以理解为“山上正在架着炮”，表示正在进行的动作；又可以理解为“炮架在山上”，表示动作完成后持续的一种静止状态。

5. 什么是后缀与词尾？举例说明两者有什么同异。［浙江大学2010年研］

答：(1)后缀与词尾

后缀是指黏附在词根后面的词缀，是构词语素。例如，汉语的“小刀子”“瓦盆儿”中的“子”“儿”，英语的“reader”“voiceless”中的“er”“less”都是后缀；而词尾则是相对于词干而言的，是一种构形语素。

(2)后缀与词尾的同异

①相同点

后缀和词尾都黏附在词根或词干上，都是附加语素。

②不同点

a. 构词作用不同。词尾不能改变一个词的词汇意义，只能改变词的语法意义。例如，work是词根，worker中er就是词缀，由动词“工作”变为了名词“工人”。而workers中“－s”就是词尾，表示复数，但是并没改变“工人”这个词的词汇意义。

b. 构词位置不同。词缀一般是附着在词根后面的不成词语素，而词尾虽一般也是在词的尾部，但是在有词缀的情况下，词尾必须放在词缀的后面。

c. 意义不同。词尾一般都只具有语法意义，不具有实在意义，而词缀一般含有一定的实在意义。

6. 词缀有哪些类型？举例说明。［北京师范大学2011年研］

答：参见本章复习笔记。

7. 举例说明“时”和“体”的区别。［北京大学2010年研］

答：参见本章考研真题与典型题详解辨析题第2题。

8．列举说明名词有几个语法范畴。[北京大学2010年研]

答：名词的语法范畴有性、数、格三种。

(1)性

表示事物的性属的语法范畴。一般是把名词分成阴性、阳性或阴性、阳性、中性，并用不同的形式标志表示。在有“性”范畴的语言中，每个名词都要属于某一种性。性属的标志是词尾或虚词，如俄语阳性名词以不同的后缀表示，但每个名词只有一种形式，没有词形变化；俄语形容词则用词形变化表示阴性、阳性和中性，每个形容词有三种不同的词形，并与名词的性相配。德语、法语用冠词的词形变化区别名词的性，名词本身没有性的形式变化。由于谓语动词要与其主语名词在语法上保持一致，修饰语形容词、代词甚至冠词要与其中心语名词在语法上保持一致，因而，有些语言的动词、形容词、代词、冠词也随之具有了性的语法范畴。汉语、英语等都没有“性”范畴。

(2)数

表示事物的数量的语法范畴。一般用名词或代词的词形变化区别单数、复数或单数、双数、复数(大于二的数)。有些语言中动词、形容词或冠词也有数的形态变化，与名词的数相配。俄语名词、代词、动词、形容词都有单数与复数的词形变化，并相互配合；在阿拉伯语、希伯来语、斯洛文尼亚语等语言中，名词分单数、双数和复数三种形式。汉语人称代词和指人的名词后面可以加“们”表示复数，但也可不加“们”，如“这些学生”后面可加“们”，也可不加。

(3)格

表示短语或句子中词与词之间语法关系的语法范畴。如俄语名词、代词、形容词和数词都有格变化，共有六种格：主格(作主语)、宾格(作直接宾语)、与格(作间接宾语)、属格(作定语，表示领属)、工具格(作状语，表示工具材料)、前置格(作状语，表示方位处所)。有些语言中格比较少，如英语中名词只有属格(加后缀－'s)和通格(不加后缀)之分。另外人称代词有主格、宾格和属格三种形式。有些语言中格比较多，如芬兰语中有十六种格。汉语等则没有“格”范畴。

9．汉语语法研究一定会涉及“形态”，有人说汉语缺乏形态变化，有人说汉语有广义形态。请谈谈你对“形态”的看法。[中山大学2012年研]

相关试题：形态[名词解释，西南交通大学2023年研；河南大学2022年研；南京师范大学2018年研]

答：汉语是没有形态的，它通过其他语法手段来表现语法意义。

(1)形态的定义

形态，又称词形变化，是指词的内部变化形式的聚合。在有些语言中，词与词组合时形式要发生变化，同一个词与不同的词组合也有不同的变化。这些不同的变化形成了一个聚合，即为形态。

(2)现代汉语形态的观点

汉语是通过其他形式、手段来实现相应的语法意义的，而且这种“非形态变化”的形式、手段也非常适合汉语。这是由语言的民族性决定的。

(3)决定汉语没有形态变化的因素

①构词方式

汉语中最常用的构词方式是词根复合法。两个各具意义的语素按照一定的关系组合成词，语素和语素之间可以是联合、偏正、补充、动宾、主谓、连动、兼语的关系。汉语在语素构词的过程中就已经反映出一部分组合、搭配的关系，承担了一部分语法、语义内容。

②语义

汉语是“意合”的语言，同一个意思有许多种表达方法，或繁或简，只要达意即可。由于汉语的理解是从语义出发的，中国古代训诂学才特别发达。由此也可以推知汉语用语义部分地弥补了形态变化的缺失，再加上虚词、词序就和印欧语言在语法上达到了平衡。

③汉字

汉字是表意文字，即使汉字可以通过某种方式发生字形变化，也不可能通过语音表现出来，因为汉字字形不具有表音功能。汉语所选用的这种表意文字的特点决定了汉语放弃选用形态的变化来表示语法意义。

总之，汉语通过虚词和语序等方式来表达语法意义，它不属于形态语言。

10. 有人说，汉语难学是因为汉语的语法结构不合理，没有形态变化；英语则相反，有着完美的语法形态。汉语差英语好，所以汉语是一种落后的语言。请举出汉语和英语的例子谈谈你的看法。［厦门大学 2011 年研］

答：这种说法是不正确的，主要理由如下：

(1) 语言类型不同决定语法结构不同

①汉语属于孤立语，它缺乏词形变化，所有的词几乎都由词根语素构成；词的次序很严格，不能随便更动；主要利用词序和虚词作为语法手段。

②英语属于屈折语，词与词之间的结构关系主要是靠词形变化来表示，因而词序没有孤立语那么重要。一个屈折词缀可以同时表示好几种语法范畴义。屈折语的词干和词尾结合得很紧，各部分不能拆开且不能独立存在。

(2) 语法结构不能分优劣

①语言的结构类型是就结构的基本面貌来说的，不是说屈折语中没有其他结构类型的成分，或者孤立语中没有任何黏着、屈折的成分。世界上没有一种语言纯粹属于某一种结构类型。英语与汉语也有相似的语法特点。

②从语言的表达效果来看，语法结构没有优劣。语言是为了表情达意，语法结构只是交流时的语言的使用规范。

(3) 母语的干扰

①在学习其他语言时，学习者会受到自身母语的干扰。例如，西方人学习汉语，感到汉语的语法规则太活，不好捉摸。如“被”字句和“把”字句的相互转换，虚词“了”“着”的使用方法等。

②中国人在学习英语时，同样存在语法规则上的困扰。英语以动词的不同形态来表示时态的变化，同时也存在名词数上的变化，这些在汉语中并不存在。

③从语法结构的产生来看，语法结构固定，是为了方便语言的学习。不同的国家与民族有不同的语法结构，本民族的语法结构都可以做到使用方便、自然、习惯。

11. 什么是语法范畴？举例分析汉语和英语中表达“时”的语法手段。［北京语言大学 2011 年研］

答：(1) 语法范畴的定义

参见本章复习笔记。

(2) 汉语表达“时”的语法手段

汉语表达“时”的语法范畴主要采用词汇手段。“来着”“了”“过”表示过去时，如“四点的时候我正吃饭来着”“他去了北京了”“我去过天安门”。“着”表示进行时，如“我正吃着饭呢”。“将”表示将来时，如“他将回北京”。

(3)英语表达“时”的语法手段

①附加

在词上附着表示不同语法意义的词尾。最常见的词形变化如英语动词 worked，即是在 work 后附加词尾 -ed 表示过去时。

②内部屈折

通过词根内部的语音形式变化来构成语法形式，表示不同语法意义的词形变化手段。如元音代替 sing/sang。

③异根

用不同的词根表示同一个词的不同语法意义，是同一个词的不同语法形式的语法手段。如 went 通过异根表示 go 的过去时。

④零形式

即词形变化的原形，不改变词的语音形式，但却表示不同的语法意义。如 beat 通过零形式表示 beat 的过去时。

12. 什么是普遍特征，普遍特征在语法上有什么表现? [北京语言大学 2011 年研]

答：参见本章复习笔记。

13. 英语的词组有主谓、偏正、动宾、中补、联合五种结构吗? [南开大学 2017 年研]

答：英语的词组包含这五种结构，而且由于英语的词类划分特别清楚，这五种结构的规律性更容易总结，举例如下。

(1)英语中典型的主谓结构是主语加动词，表示陈述关系，如 I agree。

(2)英语中典型的偏正结构是形容词加名词或动词，表示修饰关系，如 beautiful flower，well done。

(3)英语中典型的述宾结构是动词加宾语，表示支配关系，如 play football。

(4)英语中典型的联合结构是相同的两个成分中间加 and/or 表示并列或选择，如 you and me，coffee or tea。

(5)英语中典型的述补结构是动词加补语，表示补足前面的述语，如 see you again。

八、论述题

1. 举例说明语法意义和语法形式及两者之间的关系。[武汉大学 2013 年研]

答：(1)语法形式

语法形式是反映词语的组合规则和语法类别的形式标志，是表示语法意义的形式手段，又称语法手段，分为显性和隐性语法手段。隐性语法形式不能直接感知，但可以通过能否组合替换、拓展、变换等方式分析抽象出来。

(2)语法意义

参见本章考研真题与典型题详解辨析题 1。

(3)语法意义和语法形式的关系

语法形式同语法意义有着密切对应的关系，各种不同的形式因素对意义的表达在不同的结构中都是起作用的。即语法形式不同，语法意义也有区别。

①语序不同，结构意义不同

来客人了——客人来了(动宾结构——主谓结构)。

跑快点——快点跑(中补结构——状中结构)。

②虚词不同，情态意义不同

他来了吗？(疑问语气)；他来了。(陈述语气)；他来了吧！(祈使语气)

③语法形式同语法意义之间的对应关系是“一对多”和“多对一”的对应关系，而不是简单的一一对应关系。

例如：

a. 定中结构这种语法形式就可以表达多种语法意义(一对多)。

我的杯子/玻璃杯子/紫色的杯子/借来的杯子/喝水的杯子。

b. 多种语法形式也可以表达同一种语法意义(多对一)。

我摔破了杯子/杯子被我摔破了/我杯子摔破了/杯子我摔破了。

2. 汉语普通话与英语(或者你熟悉的其他外国语)在语法手段和语法范畴上有什么差异? [中山大学2011年研]

答：汉语和英语在语法手段和语法范畴上的差异主要体现在以下方面：

(1)汉语与英语在语法手段上的差异

语法手段是表达语法意义的形式标志或物质手段的类型，是从语法形式中概括出来的。各种基本语法结构的语法意义必须通过一定的语法形式才能体现出来。词类的选择、词序、虚词都是汉语普通话的语法手段。

①词形的变化

汉语普通话缺乏词形变化，而英语则具有丰富的词形变化。

a. 通过附加词尾来表达语法意义，如taller/tallest，前者词尾表示比较级，后者词尾表示最高级。

b. 内部屈折。如begin－began，两者分别表示开始这个动词的一般式、过去式。

c. 异根。如better，best两者分别表示good的比较级、最高级。

②语调

有人认为语调也是一种语法手段，主要指的是停顿。例如汉语普通话：“我知道，你不知道。”(联合)，“我知道你不知道。”(主谓)；而英语中语调的作用则不明显。

③重叠

汉语中通过重叠表示一定的语法意义，如“掂量”与“掂量掂量”具有不同的意义；英语中则无。

(2)汉语与英语在语法范畴上的差异

①性。性是某些语言里的名词的分类。形容词常常修饰名词，它也随着有关的名词而有性的变化。汉语没有性的语法范畴，如男女服务员都可称为“服务员”，而英语则分别表示为waiter，waitress。

②数。数这个范畴一般包括单数和复数两种意义。英语的可数名词有单数和复数的变化，如男孩，单数形式为boy，复数形式为boys，而汉语名词的单复数则没有形式上的变化。

③格。格是从名词、代词和形容词在句子中和其他词的关系中，以词性变化的形式概括出来的语法意义的一个种类。英语的名词有通格和所有格两个格，而汉语则没有格的变化。

④体。体表示行为动作进行的方式，是动词特有的语法范畴。不同语言的体的范畴的表

现各不一样。英语动词有普通体、进行体和完成体，如“书写”的普通体为“write”，进行体为“be + writing”，完成体为“have written”，而汉语中则用“了”“着”“过”来分别表示完成体、进行体和历经体。

⑤时。时也是动词的语法范畴，表示行为动作发生的时间。这时间往往以说话的时刻为准，分为现在、过去、未来。在英语中，“时”的变化以动词形态的变化来体现，如现在时“He works(他工作)”，过去时“He worked(他工作过)”，而汉语则缺少时的变化。

⑥人称。不少语言的动词随着主语的人称不同而有不同的形式。英语动词只在现在时单数的时候有第三人称和其他人称的对立，如 He(she)writes 和 I write，而汉语则没有人称的变化。

⑦态。态表示动作和主体的关系。它是动词所具有的语法范畴，一般分为主动态和被动态两种。采用哪种语态与动作的发出者和承受者有关，也和说话者的主观视角、语言的运用相关。如英语中“I'm watering the flowers.”(我正在浇花。)“The flowers are being watered by me.”(花正在被我浇。)，而汉语则没有态的变化。

3．“这本书看了三天”和“这本书看了三天了”在意义上有什么不同？西方人学习汉语，常常感到汉语的语法规则太活，不好琢磨，甚至有人认为汉语是落后的语言，而汉人学习西方语言，也不习惯它们的变格、变位，感到它们的结构牵丝攀藤，重复而又麻烦，甚至有的人认为汉语是最先进的语言。对这些问题，你怎么看？［武汉大学 2011 年研］

答：(1)两个句子在意义上的不同

“这本书看了三天”和“这本书看了三天了”在意义上的不同是：

前者陈述一个已完成的事件，即“看完这本书用了三天”；后者具有延续性，即意思是“这本书已经看了三天，还要过几天才能看完”。前者表示动作的完成，后者表示动作的延续。

(2)对语言先进性的看法

①由词形变化表现出来的语法范畴，是有形态变化的语言所具有的。常见的语法范畴有性、数、格、时、体、态、人称等。不同的语言有不同的语法范畴，不可以相互套用。由于语法范畴必须有词形变化的形式体现，而汉语缺乏形态，严格地说也就没有语法范畴。所以，中国人在学习西方语言时，会不习惯其复杂的形态变化。

②汉语的形态变化不发达、不普遍，所以十分重视语序和虚词，主要通过这两种语法手段来表达语法意义。首先，词序不同，表达意义就不同。例如，“我喜欢他”“他喜欢我”。其次，用不用虚词和用不同的虚词，意思也完全不同。例如，“看书”“看的书”。此外，汉语语法还有一些其他特点：繁多的量词；庞杂的补语；单双音节对组词造句也有相当大的影响等等。正是由于汉语的规则太灵活，西方人学习汉语才会感到困难。

③语言之间既有共性又有个性，共性使不同语言的人们互相学习起来可以进行类推，而个性却增加了学习的难度。由于每种语言都必须取决于并适应本国本民族的社会情况，所以语言没有优劣之分，只有学习难易程度之别。

④语言具有其各自的特点，但语言又是具有普遍性的，有着很多共同的特点，语法结构是不分优劣的，各种语言之间都是普遍性与特殊性的统一，并且每种语言能够存在并能够顺利进行交流，它的存在就是合理的。

所以，语言是没有优劣的，认为汉语是落后的或者是最先进的说法都是不正确的。

4. 如何看待语言的类型与共性？［南开大学 2011 年研］

答：(1)语言的类型

按照语言中的词有无形态或有何种形态，可以把世界上的语言分成若干类型，这是一种共时性的划分。一般把语言分为孤立语、屈折语、黏着语和复综语四种。

参见本章复习笔记。

(2)语言的共性

大多数人类语言在使用中的共性被称为语言的普遍特征。

参见本章复习笔记。

第5章 语义和语用

5.1 复习笔记

一、词汇和词义

(一)词和词汇

研究语言符号的意义一般都以词作为基本单位。词汇和词义的研究在传统语言研究中是语义研究的主体。

1. 定义

词汇是指一种语言中所有的词和成语等固定用语的总汇。

2. 词汇的分类

(1)基本词汇

①定义

基本词汇里面的词是语言词汇的核心。它们所表达的都是与人们世世代代的日常生活关系非常密切的事物或现象。基本词汇和语法一起构成语言的基础。基本词汇是生活在不同领域、不同地区但说同一种语言的人们日常交际中不可缺少的，在各种交际场合中发挥着重要作用。一般说来，这些词汇不加解释人人都能懂得，也人人都能使用。

②主要特点

a. 全民常用性。

b. 稳固性。

c. 构词能力强。

d. 使用频率高。

(2)一般词汇

一种语言中，除基本词汇以外，其他所有词汇均为一般词汇。一般词汇通常是由基本词汇和词根派生出来的，它不像基本词汇应用得那样频繁和普遍，它的稳定性不强，但有很大的灵活性。

【名师点拨】基本词汇的概念和特点是本章的重要概念，经常出现在各校的考研真题中，且考查方式十分灵活，因此需要考生灵活掌握。同时，需重视基本词汇与一般词汇的关系。

(二)词的词汇意义

词汇意义就是某一语言中词的语音形式所表达的内容，是客观对象在人们意识中的概括反映，它既包括狭义的概念意义，也包括感情色彩等其他意义。

1. 概念意义

(1)定义

词汇的概念意义，又称理性意义、指称意义等，是人们对所指对象的区别性特征的概括认识。它包含以下几个方面：

①它是对现实世界中各种现象的分类和概括反映。

②它对于说一种语言的所有人来说是共同的。

③它必须与某种语言的特定声音相结合。

(2)作用

概念意义具有特定的被广泛认可的语音形式，它的作用是区别不同的事物和现象，它反映所指对象的共同特征以及与其他事物和现象的区别。

2. 其他意义

词的感情色彩等其他意义是附着在词的概念意义上的。

(1)感情色彩

是词义中反映出的主体对客观对象的情感倾向、态度、评价等。有些语言甚至还用专门的语言成分来表达这种感情色彩。

(2)语体色彩

又称文体色彩，是为适应一定的交际场合而产生的附加意义或色彩。可以分为口语语体色彩和书面语语体色彩。大多数的词通用于书面语和口语。

(3)形象色彩

是由造词理据反映的人们对事物各种感官形象的联想。用摹状、拟声造词法造的词，一般都有明显的形象意义，如"席卷""囊括""啧啧称奇"等。

(三)词义的概括性

词义对现实现象的反映是概括的反映。概括是词义的一个重要特点。

1. 概括性的定义

概括性是指从同一类现象中抽象出了它们共同的且区别于他类现象的本质属性。

2. 词义概括性的表现

表5-1 词义概括性的表现

要点	具体内容
一般性	现实中的事物千差万别、纷纭复杂，一定的语言词汇把这些事物分门别类，从同一类事物中抽象出它们共同的、区别于他类事物的属性，同时用一个词汇去代表这一类事物
模糊性	词义的概括性导致所反映的对象的边界不清楚，所指称的事物其外延的边界是游移的、不确定的
全民性	词义反映的现实现象是一个社会集团的全体成员共同认知的，没有阶级、阶层之分，全民共同理解，都可以使用来表达思想

二、词义的各种关系

(一)一词多义

一词多义是指一个词的意义可以只概括反映某一类现实现象，也可以概括反映相互有联系的几类现实现象。前者在语言中表现为单义词，后者表现为多义词。

1. 多义词产生的原因

(1)一个词最初总是用来反映一类现实现象，由于现实现象可能具有多种特征，它与其他现象之间具有多种多样的联系，因而，也可用指称这一类现实现象的词去指称其他的现实现象。

(2)多义词是语言运用经济原则的必然产物。语言中的语音形式总是有限的，而要表达的意义总在不断地增加，用数量有限的语音形式表达数量众多的意义就必然出现同一个语音形式与多个意义相对应的现象。

2．词义的分类

表5-2 词义的分类

要点	具体内容
本义	词的最初的意义
派生意义	由本义衍生出来的意义
中心意义	有的词有几个义项，几个义项之间的地位并不是平等的，某一个义项是基本的、常用的，这个义项就被称为中心意义

3．词义派生的条件

派生义和本义之间存在着内在联系，两者表示的事物的共同特征是这一联系的基础。

4．词义派生的途径

(1)隐喻

隐喻是指甲、乙两种现实现象之间存在某种相似性，以指称甲现象的词去指称乙现象。

例如，“腿”的本义是“动物用来支撑身体和行走的部位”，由于某些器物下部起支撑作用部分和腿相似，后来又用“腿”指称这一类事物，这个词就有了“器物下部和腿一样起支撑作用的部分”的意义。

(2)转喻

转喻，又称换喻，是指甲、乙两种现象之间并没有某种相似性，但存在某种联系，因而用指称甲现象的词去指称乙现象。

例如，“锄”的本义是“松土和除草的农具”，因为常用它来松土和除草，因而它就有了“用锄松土和除草”的意义。

【名师点拨】词义是本章的主要内容，考生需理解词义的概括性，掌握“词义的分类”“词义派生的途径”，对“隐喻”和“转喻”结合实例精确区分。

5．多义词和同音词的区别

(1)同音词之间意义没有联系，是不同的词具有相同的语音形式。

(2)多义词的各个意义之间有内在联系，是同一个词的不同义项。

(二)同义关系

1．定义

同义关系是指意义相同或相近的词语之间的关系，具有同义关系的一组词是同义词。

2．特征

(1)同义词是词的某些义项相同或相近，而不是所有的义项都相同或相近，如“死”和“逝世”是同义词，但“死”有几个义项：①失去生命；②达到极点，如“死顽固”“高兴死了”；③不灵活，如“死心眼”等。只有①义项与“逝世”是同义词。

(2)同义词是词的概括意义、固定意义相同或相近，不包括具体意义、临时意义相同的现象，如“放下包袱，开动机器”中“包袱”和“负担”同义，“机器”与“脑筋”同义，但“包袱”的“负担”义是语汇意义，“机器”的“脑筋”义只是临时意义。所以，只有“包袱”和“负担”是同义词，“机器”和“脑筋”不是同义词。这类词被称为临时同义词。

(3)有一部分同义词概念意义完全相同，被称为等义词或狭义同义词。但这类词的附加意义一般也有所不同，如“聪明——狡猾”的评价意义不同，“琢磨——推敲”的理据意义不同，“脑袋——头颅”的语体意义不同。

(4)大部分同义词是概念意义基本相同，而又有细微差别，被称为近义词或广义同义词，如“批评——批判”的语义轻重不同，“稳固——牢固”的语义侧重不同，“时期——时代”的范围大小不同。

(三)反义关系

1. 定义

反义关系是指意义相反或相对的词语之间的关系，具有反义关系的一组词是反义词。

2. 特征

(1)词语之间的反义关系是以义项为单位的，一个多义词的不同义项，可以与不同的词构成不同的反义词，如“孩子”既可与“大人”构成反义词，也可与“父母”构成反义词。

(2)词语的反义关系是以共同的论域为前提的，因此，同一个词处于不同的论域，也可构成不同的反义词，如“高”以个子为论域，与“矮”构成反义词；也可以位置为论域，与“低”构成反义词。没有共同论域的词不能构成反义词，如“高”和“胖”就不是反义词。

(四)词义的上下位关系

语言中有些词所代表的事物的范围大，而有些词所代表的事物的范围小，前一种词可以包括后一种词代表的事物，由此就形成词的上下位关系。词义的上下位关系是可以有层次的，作为下位词的词语还可以有下一级的下位词。

(五)词的语义特征和语义场

1. 语义特征

词的语义特征是指语言单位之间相互联系或相互区别的语义要素。它包括施事、受事、接受者、工具、时间、地点、状态等，即词所指称的事物在句子所表达的事件中所起的作用。语义特征的确定要看相互有联系又有区别的词义的聚合。

2. 语义场

(1)定义

语义场是指具有相同的语义特征的词义所构成的集合。一个语义场内的几个词义，在不同维度的对比中，既有相同的义素，又有不同的义素，构成了既互相联系又互相区别的一个小的词义系统。

(2)性质

表 5-3　语义场的性质

要点	具体内容
系统性	①确定一个词的范围，首先要比较该词与同一语义场其他词在词义上的联系以及它在语义场中的位置。 ②一般说来，在一个语义场中增加或减少一个词，这个语义场所包含的词就要相应调整。例如，原来“爱人”与“恋人”在同一语义场中，“爱人”脱离了此语义场，则“朋友”“对象”等词增加了此义素，与“恋人”同处一语义场，同时，“爱人”转入“妻子”“丈夫”这一语义场
层次性	语义场具有不同的层次。上一层中的某个词的义素必然为下一层的各词所具有。而下一层次必然有自己一些特殊的义素。例如“人”与“男人”“女人”是两个层次，“人”是上位词，“男人”“女人”是下位词
民族性	不同民族语言中语义场的义素有所不同。例如，亲属词中汉语有“婶婶”“姑妈”“舅妈”“姨妈”等，而英语中只有 aunt
交叉性	多义词的交叉性，是以义项为基础的。例如，“月”指天体，可与“太阳”“金星”等形成语义场，又可指时间，与“星期”“日”等形成语义场

（3）作用

①词语的义项之间相互对立又相互联系，聚合成纵横交错的语义网络。通过对语义场中的词汇进行纵向和横向两种聚合关系的分析，可以更好把握词语的本质特征与适用范围。

②语义场研究为系统研究词义的历史演变提供了一个视角。

3．语义特征与语义场的关系

（1）在某一层次上具有相同语义特征的词汇组成一个语义场。

（2）同一语义场在不同的维度上对比具有不同的语义特征。

【名师点拨】语义场是本章的重点和难点，同时也是近年来考研试卷中极为常见的主观题考查要点。语义场的内容比较抽象，考生可以结合教材中的实例，或通过习题练习加深理解，掌握这一重要知识点。

三、句义

（一）词语的搭配和词义在句义中的实现

1．词语的搭配

词义的组合是通过词语的搭配（组合）来实现的。词语的搭配一方面受到语法规则的支配，另一方面也受语义条件的限制。

（1）词语的搭配要符合现实逻辑。

（2）词语的搭配涉及每个语言词义系统内部义场的特征。

（3）词语的搭配要考虑社会的使用习惯，即“惯用法”。

（4）词语的搭配涉及词义的各种附加色彩和修辞效果。

2．词义在句义中的实现

句子可以由一个词构成，也可以由多个词构成。由一个词构成的句子是独词句，独词句在言语中比较少，大量的句子是由词按照一定的语法关系组织起来的，因而句子的意义中包含着每个词的意义和它们之间关系的意义。词义在搭配组合中还会凸显一些语义特征，隐去一些语义特征。

（二）句子的语义结构和人类经验的映像

1．句子的语义结构

（1）句子的语义结构是依据语言成分与人类经验的映像关系得出的。

（2）句子成分的搭配不仅要符合语法规则，还要符合语义规则，在成分方面，语义结构有施事、受事、谓词等成分。

（3）对于句子语义结构的研究，要涉及以下三个方面：

①分析句子的语义结构需要分析名词与动词的语义关系，即语义角色。

②不同的语义角色可能需要具有不同的语义特征的名词来担任。

③不同语义角色与句子的语法结构有关联。

2．语义角色

语义角色是指谓词和句子中其他成分之间的语义结构关系，语言学家从这种关系中抽象出“动程”与“物体”两种具体的关系模式。

（1）“动程”可分为动作、性质（或状态）、使动三大类。

（2）与“动程”相配，“物体”有下表常见的大类。

表 5-4 “物体”的分类

要点	具体内容
施事	自主性动作、行为的主动发出者
受事	因施事的动作行为而受到影响的事物
与事	表示动作行为的间接对象
主事	性质、状态或发生非自主变化的主体
致事	事件或变化的引发者

此外，外围语义角色是句子可以选择但不是必须具有的成分，如下表所示：

表 5-5 外围语义角色

要点	具体内容
工具	动作、行为所凭借的器具或材料
方所	动作、行为发生或开始、结束的场所、方位或范围
时间	动作、行为、事件发生或开始、结束的时间，延续的时段等

3. 语义角色和句法成分的关系

(1)语义角色和句法成分之间不存在一对一的对应关系，语义角色仅取决于构成句子本身意义的词义和语法意义。

(2)相同的句义可以根据各名词短语在一定的语境中的不同语用功能，用不同的句法结构来表示。

(3)句法结构的变化使担任一定语义角色的各名词短语的句法功能成分升级或降级。

(三)句法语义范畴和属于说话者的人类经验映像

具体的句子表达的都是属于说话者的人类经验的映像和交际要求。

句法语义范畴包括以下几种：

1. 人称、时、指示

(1)“人称”是与说话者挂钩的名词性范畴。

(2)“时”是与“说话时”挂钩的范畴。

(3)“指示”是与表达对象位置相关的范畴。

2. 语气

语气是表达“句子的言语交际作用”的范畴。最常见的句子语气有陈述语气、疑问语气、祈使语气三种。

(1)陈述语气表示“说话者要告知受话者信息”。

(2)疑问语气表示“说话者向受话者询问信息”。

(3)祈使语气表示“说话者要受话者做或不做某事”。

3. 情态

情态是表现说话者对所表达事物的情感态度的范畴，大多数语言中都有专门的情态词。

(四)句子的真值和句义的蕴涵、预设关系

1. 句子的真值

句子的真值是指句子是否真实地反映了客观现实。如果句义所表达的现象或事件在现实世界中真实存在，则该句为真；反之，则该句为假。

2. 蕴涵和预设

蕴涵和预设是句义之间真值的两种重要关系。

(1)蕴涵

蕴涵是指只能单向地从一个句义推出另一个句义，反向推导却不成立，即如果句子A为真，句子B一定为真，句子B为假，句子A一定为假，句子A为假，句子B可能为真也可能为假；那么A句义就蕴涵B句义。具有上下位关系的两个句子一定是蕴涵关系。

(2)预设

预设是指一个句子的肯定义是判断另一个句子肯定和否定义的前提，即如果句子A为真，句子B一定为真，句子B为假，句子A一定为假，句子A为假，句子B仍为真；那么B句义就是A句义的预设。

四、语用

(一)语境与语境义

语境的含义有三个方面：

1. 话语的物理语境

物理语境是指说话人、时间、空间等客观存在。话语只有在物理语境下才可以被传递和理解。

2. 话语语境

话语语境是指一个连贯的言语事件中前面或后面的话语。如文学作品中的上下文，谈话中的前后语句。

3. 说话者和受话者的背景知识

具有相似的背景知识是说话者和受话者相互交流和理解的前提。

(二)话题和说明

1. 话题和说明的定义与话题的有定性

(1)话题和说明的定义

话题是后面述题部分所关涉的对象，数量可以不止一个。话题是带有固定成分的已知程度不同的信息，是说话人有意引导听话方注意的中心，针对这个中心所展开的其他话语则是说明。

(2)话题的有定性

说话者所选择的信息关涉对象，一般是“有定”的，“有定”是指“确定的、有具体所指的实体”，它的适用对象是说话者与受话者双方。

(3)话题的句法表现

①用专门的虚词来标记。

②用句子中特定的位置来标记。

(4)话题的意义

话题涉及句子中结构和功能的关系，是结构和功能的交汇点。占据不同的句子结构的话题所承担的句子功能也不同。

2. 话题的关联与篇章话题

(1)话题是说话者有意强调的话语中心内容，它同时承担一定的句法功能。整篇话语中各个句子的话题往往有内在的联系，组成“话题链”。

(2)在整篇话语中，如果话题相同或连续出现，则在之后的句子中往往用代词指代话题。指代和衔接是语篇凝聚、连贯为篇的重要手段。

3．话题与施事

话题是语用概念，施事是语义概念。话题是叙述的出发点或对象，它可能是主语，也可能是施事，但也可能既非主语也非施事。施事是动作的发出者，它所对应的句子成分或者是主语，或者是宾语，也可能对应着语用分析中的话题。

4．话题与主语

（1）话题与主语的联系

话题是从表达的角度来说的，它是语用学里的概念，主语是从语法结构关系的角度来说的，它是句法学里的概念；但是两者在句子中，常常是相同的句子成分。

（2）话题和主语的区别

①话题可以由担任外围语义角色的成分（时间、方所、工具等）承当，还可以与动词完全没有关系。

②主语与谓语动词有直接的密切关系，由担任施事、受事等中心语义角色的成分承当。

（三）焦点和预设

1．焦点和预设的定义

（1）焦点是指句子中说话者认为受话者所不知道并希望其特别关注的信息。

（2）预设是指句子传递信息所依赖的、说话者设定为自己与受话者都知道的那些知识。

2．表现焦点的手段

（1）焦点可以通过语调重音表现出来。

（2）焦点也可以用某些特别的句法形式表现出来。

（3）在有些语言中，焦点还可以用专门的句法虚化成分表现出来。

（四）日常生活和文学作品中的言内意外

1．日常生活中的言内意外

（1）会话双方要使自己的话语有参与交谈的共同目标或方向。

（2）所说的话应包含当前交谈目的所需要的信息而同时不要包括多于需要的信息。

此外，社会文化所决定的得体原则也在日常会话中起作用。

2．文学作品的言内意外

在文学作品中，无论是诗歌还是小说，作者都十分重视锤炼词语，深入挖掘语言的潜力，在有限的言辞中寄寓无尽的意蕴，为读者理解、咀嚼作品内涵留下无限的想象空间。

（五）言语行为

1．环节

言语行为可以分为三个环节：言内行为、言外行为和言后行为。

表5－6　言语行为

要点	具体内容
言内行为	说话人运用语言结构规则说出有意义的话语的行为
言外行为	说话人的话语要达到的目的和意图（言语行为研究最为关注）
言后行为	说话人说出话语后达到的结果

2．类型

言语行为可以分为五类，每一类行为都有一个共同的、普遍的目的。

(1)述类：陈述或描述说话者认为是真实的情况。
(2)指令类：试图使听话者做某些事情。
(3)承诺类：说话者自己承诺未来要有一些行为。
(4)表达类：表达对某一现状的感情和态度。
(5)宣告类：通过说话引起骤变。

3. 直接言语行为和间接言语行为

(1)直接言语行为

直接言语行为是指由基本句型或施为句明确体现出来的言语行为。

(2)间接言语行为

间接言语行为是指说话者通过执行字面的次要语旨行为间接执行另一个有不同语旨用意或有不同命题内容的首要语旨行为。

(3)直接言语行为和间接言语行为的区别

直接言语行为是使用一定的句子类型和词语来表示相关的言语行为，其言语行为与句子类型和词语有直接关系；间接言语行为则是一个话段的语言形式不直接反映其传递目的的言语行为。

(4)间接言语行为的目的

①表示礼貌，使交际顺利进行。
②委婉提出请求。
③暗示拒绝，最大限度减少有损于对方的观点。

【名师点拨】虽然语用的相关知识点并不经常出现在各类考试中，但一旦出现就会是主观题，因此提醒考生务必重视这部分内容。

5.2 考研真题与典型题详解

一、填空题

1. 词可以分为语法词和______，后者指主要用于指代物质、动作和性质等的词。[中山大学2012年研]

【答案】词汇词

【解析】词可以分为实词和虚词。能够单独充当句法成分，意义实在，有词汇意义和语法意义的是实词，即词汇词；不能充当句法成分、只有语法意义的就是虚词，即语法词。

2. 词汇的核心部分是______词汇。[首都师范大学2012年研]

【答案】基本

【解析】基本词汇是语言词汇的核心，包含的词比一般词汇要少，却更重要。基本词汇具有使用频率高，生命力强，为全民所共同理解的特点。

3. 基本词具有______性、______性和______性。[中国传媒大学2012年研；武汉大学2011年研]

【答案】稳固；能产；全民常用

【解析】基本词汇所表达的都是与人们世世代代的日常生活关系非常密切的事物或现象。基本词汇所标志的事物和概念都是极为稳定的；用基本词作为语素创造出来的新词，最便于人们理解和接受，也便于流传；基本词汇为全民族所共同理解，流行地域广，使用频率高，因此，基本词汇具有稳固性、能产性和全民常用性的特点。

4. 跑材料、跑商场、跑马都是______关系，但名词与动词的语义关系是______、______、______。[北京师范大学2012年研]

【答案】动宾；目的；处所；工具

【解析】宾语和动语的语义关系很复杂，大致可以分为三类：受事宾语、施事宾语和中性宾语。中性宾语又可以用来表示结果、处所、时间、工具、方式、原因、目的、类别、存在等。在跑材料、跑商场、跑马三个词组中，材料是跑的目的，商场是跑的处所，马是跑的工具。

5. “明天”“明儿”词义接近，主要区别在于词的______；“成功”“得逞”词义接近，主要区别在于词的______。[首都师范大学2011年研]

【答案】语体色彩；感情色彩

【解析】色彩义是附着在词的理性义之上表达人或语境所赋予的特定感受，包括感情色彩、语体色彩和形象色彩。感情色彩是指词义中所反映的主体对客观对象的情感倾向、态度、评价等内容，通常有褒义色彩和贬义色彩。更多的词既没有褒义色彩，也没有贬义色彩，是中性词。例如“成功”“得逞”词义接近，但“成功”带有褒义色彩，“得逞”带有贬义色彩。语体色彩，又称文体色彩，有些词语由于经常用在某种语体中，便带上了该语体所特有的色彩，可分为书面语色彩和口语色彩。例如“明天”“明儿”词义接近，但是“明天”带有书面语色彩，“明儿”带有口语色彩。

6. 大小属于______语义场，死活属于______，春夏秋冬属于______，桌子椅子属于______。[北京师范大学2013年研]

【答案】极性反义；互补反义义场；顺序义场；类属义场

【解析】语义场是指通过不同词之间的对比，根据它们词义的共同特点或关系划分出来的类。处于极性反义义场的两个反义词，如果肯定一方就必须否定另一方，但是如果否定一方并不意味着必须肯定另一方，两极之间存在着中间的现象，如“大－小”。处于互补反义义场中的两个反义词，如果肯定一方就必须否定另一方，如果否定一方就必须肯定另一方，如“死－活”。顺序义场的各成员按照某种固定的顺序排列，如“春－夏－秋－冬”。类属义场的成员同属于一个较大的类，如“桌子－椅子”同属家具类。

7. “捆绳子、跑了小偷、存定期”从语义上看，其名词性短语分别是______、______、______，说明这些语义角色可直接充当______。[北京师范大学2013年研]

【答案】工具；施事；方式；宾语

【解析】“捆绳子、跑了小偷、存定期”中的宾语分别表示“工具、施事、方式”。“工具、施事、方式”是动词和其所支配的宾语间的语义关系，即动词和名词间的“语义角色”。常见的语义角色有受事、处所、时间、方位等。

8. 从语义指向的角度看，“砍疼了”语义指向______或______；“砍坏了”语义指向______或______。[北京师范大学2014年研]

【答案】受事；施事（或施事的隶属部分）；受事；工具

【解析】语义指向是结构主义语言学用于分析句子成分语义之间错综复杂关系的工具，对于分化歧义、从深层次理解句子成分的语义关系有重要作用。“砍疼了”“砍坏了”都是潜在的歧义结构，“砍疼了”中补语“疼”在语义上有时可指向“砍”的受事，如“把他的脚砍疼了”；有时可指向“砍”的施事的隶属部分，如“砍了一下午，我的胳膊都砍疼了”。“砍坏了”中补语“坏”在语义上有时可指向“砍”的受事，如“别把桌子砍坏了”；有时可指向“砍”

的工具，如“他那把刀砍坏了”。

9.“他只吃了一个苹果”这句话，有歧义，因为“只”可以指向______、______、______。[北京师范大学2012年研]

【答案】吃；一个；苹果

【解析】语义指向是指句中某个句法成分与哪一个词语或哪个成分在语义上发生最直接的联系。原句产生歧义的原因是“只”的语义指向不同：指向“吃”，表示“他只吃了苹果，没干别的”；指向“一个”，表示“他吃了一个而不是几个苹果”；指向“苹果”，表示“他吃的是苹果而不是其他水果”。

10.“买、卖”属于______语义场。[北京师范大学2012年研]

【答案】反义

【解析】《语言学基础理论》将语义场分为同义义场、反义义场、多义义场和联想义场，其中联想义场又分为分类联想、部分联想和描绘联想。“买、卖”是一对反义词，属于反义义场。

11.“小王的妹妹今天没来”意味着“小王有妹妹”，这是语义的______；而“他是中国青年”意味着“他是中国人”，这是语义的______。[北京师范大学2012年研]

【答案】预设；蕴涵

【解析】预设是指一个句子的肯定义是判断另一个句子肯定和否定义的前提，即如果句子A为真，句子B一定为真，句子B为假，句子A一定为假，句子A为假，句子B仍为真；那么B句义就是A句义的预设。蕴涵是指只能单向地从一个句义推出另一个句义，反向推导却不成立，即如果句子A为真，句子B一定为真，句子B为假，句子A一定为假，句子A为假，句子B可能为真也可能为假；那么A句义就蕴涵B句义。“小王的妹妹今天没来”要以“小王有妹妹”为前提，这属于预设。“中国人”和“中国青年”是上下位关系，前者蕴涵后者，所以，“他是中国青年”可以推导出“他是中国人”，这属于蕴涵。

二、选择题

1. 下列说法正确的是(　　)。[中山大学2010年研]

A. 词义的模糊性说明词义是具有社会性的

B. 多义词使用不当会产生歧义，如“门没有锁”

C. “glass”本义是“玻璃”，派生义是“玻璃杯”，这是词义的隐喻扩展

D. 同义词在修辞上具有对比作用，可用来突出对立面

【答案】B

【解析】B项正确，歧义产生的原因之一就是词语的多义，“锁”既有“上锁”的意思，也有“门锁”的意思。A项错误，词义的模糊性主要是指词义所指称的范围是非精确的，无法说明词义具有社会性。C项错误，词义引申的途径分为隐喻和转喻。隐喻是指甲、乙两种现实现象之间存在某种相似性，以指称甲现象的词去指称乙现象。转喻是指甲、乙两种现象之间并没有某种相似性，但存在某种联系，因而用指称甲现象的词去指称乙现象。“glass”的本义“玻璃”和派生义“玻璃杯”之间存在着联系而不是相似，因此派生义“玻璃杯”是词义的转喻扩展。D项错误，同义词在修辞上具有强调作用。

2. (多选)以下各项中的词的引申义项通过隐喻方式获得的有(　　)。[中山大学2011年研]

A. 眼：“人眼”→“针眼”　　　B. 领：“领子”→“白领”

C. 英语的 pen：羽毛→书写工具　　　　D. 英语的 glass：玻璃→玻璃杯

E. 习：鸟反复飞→复习、温习

【答案】AE

【解析】派生意义产生的途径就是一般所说的引申。引申大体上可以分成隐喻和转喻两种方式，隐喻建立在两个意义所反映的现实现象的某种相似的基础上。A 项，针的窟窿像人眼，因而“眼”可以通过隐喻指针的窟窿。E 项，“习”的本义是“数飞”，从这个意义派生出“反复练习、复习、温习”的意义，这是因为“复习”“温习”是反复多次的行为，和反复地飞有相似的地方。转喻建立在两类现实现象之间存在着某种联系的基础上。B 项，“白领”上班族通常穿戴白色衣领服饰。C 项，在过去羽毛是书写工具的一种。D 项，玻璃杯的材质是玻璃。BCD 三项的引申义与本义之间都存在具体的联系，都是通过转喻方式获得的。

3. (多选)关于话题，正确的表述有(　　)。[首都师范大学 2012 年研]

A. 话题是有定的

B. 话题可用虚词或句子中特定的位置来标记

C. 话题是说话者选择的传递信息的基点

D. 话题一定是施事

E. 句法上，话题总是跟谓语动词有密切关系

【答案】AB

【解析】话题是后面述题部分所关涉的对象，数量可以不止一个。话题是带有固定成分的已知程度不同的信息，是说话人有意引导听话方注意的中心。说话者所选择的信息关涉对象，一般是“有定”的，“有定”是指“确定的、有具体所指的实体”，它的适用对象是说话者与受话者双方。话题既可以使用专门的虚词标记，也可以用位置标记。话题涉及句子中结构和功能的关系，是结构和功能的交汇点，话题占据不同的句子结构所承担的句子功能也不同。

三、名词解释

1. 本义[复旦大学 2022 年研]

答：本义是指文献记载的词的最初的意义。一个词最初的意义总是只反映一类现实现象，因而只有一个意义。由于现实现象可能具有多种特征，它与其他现象之间具有多种多样的联系，因而，也可用指称这一类现实现象的词去指称其他的现实现象，因而衍生出与本义直接或间接相联系的意义，这些后来衍生的意义叫作派生义。例如，“向”的本义是“朝北的窗子”，如《诗经·豳风·七月》“塞向墐户”中的“向”；后来从这个意义引申出“朝向”，如《战国策·燕策》“北向迎燕”中的“向”；又引申为“方向”，如《国语·周语上》“明利害之向”中的“向”。

2. 基本词汇[中国传媒大学 2013 年研]

答：参见本章复习笔记。

3. 语境[北京大学 2014 年研]

答：语境的含义有三个方面：首先是物理语境，又称“言谈现场”，即说话人、时间、空间等客观存在，话语只有在物理语境下才可以被传递和理解。其次是话语语境，即一个连贯的言语事件中前面或后面的话语，如交谈双方前面说过的话、小说中的上下文。此外，说话者与听话者的文化知识和生活背景也属于语境，具有相似的背景知识是说话者和受话者可以交流和理解的前提。

4. 词义的模糊性[北京大学2010年研]

答：词义模糊性是指从客观事物和现象中抽象概括出来的词语意义的一种特征。词义对现实现象的反映是概括抽象的反映，概括是把特殊的、复杂的东西归为一般的、简单的东西。词义的概括性导致所反映的对象的边界不清楚，所指称的事物其外延的边界是游移的、不确定的。例如，“少年、青年、中年、老年”的词义都是模糊的，很难判断人从哪年哪月哪日开始由少年进入青年、由青年进入中年、由中年进入老年；而“碟子”与“盘子”的词义也都是模糊的，“碟子”是“盛菜蔬或调味品的器皿，比盘子小，底平而浅”，“盘子”是“盛放物品的浅底的器具，比碟子大，多为圆形”，这样的释义很难准确区分碟子与盘子。这些例子说明，一般词的词义多少都带有模糊性。

5. 联想意义[南开大学2011年研]

答：联想意义是指一个词除了它的基本意义以外所具有的附加含义。如感情色彩、语体色彩和象征功能等。词的感情色彩等其他意义是附着在词的概念意义上的。它反映了主体对客观对象的情感倾向、态度、评价等，在不同的交际场景中有不同的适用形式。联想意义是对词的所指事物的特点产生的联想。例如，“农民”这个词使人想到勤劳、朴实、见识少、土气等特点。联想意义所反映的事物的特点是不确定的。“农民”的联想意义可能有很多种，除了勤劳、朴实之外，还可能有愚昧、守旧等特点。联想意义是语言社会中的某些成员对现实中事物特点的概括，不具有全民性。因此，一个语言社会对某个词的联想意义的理解可以有差异。

6. 语义场[闽南师范大学2023年研；西北师范大学2022年研；南京大学2021年研；浙江大学2018年研；西北大学2018年研；首都师范大学2012年研]

答：参见本章复习笔记。

7. 反义关系[中山大学2012年研]

答：反义关系是指意义相反的一对词之间的关系。很多意义相反的词为反义词。它是现实现象中矛盾的或对立的现象在语言中的反映。反义词的意义所概括反映的是同类现象中的两个对立的方面。反义词在修辞上有对比作用，可利用来揭露矛盾，突出对立面。反义关系有互补反义关系和极性反义关系两种类型。例如，“正”和“反”，“男”和“女”，“生”和“死”，都是互补反义关系，其中不允许插入第三种状态；而“白”和“黑”，“大”和“小”，“朋友”和“敌人”等都是极性反义关系，其中都允许第三种情况存在。

8. 焦点[首都师范大学2011年研]

答：焦点是说话者认为受话者不知道，因此希望受话者特别关注的部分。从信息的角度看，句子中的新信息是说话者所传递信息的重点所在。在会话中，焦点通过语调重音标示出来，还可以用句法形式表现出来。焦点一定与说话者所设定的受话者所知道的某些信息有关，一定会用一些可以感知的手段标示出来。此外，焦点还可通过语调重音表现出来，例如“小明吃了苹果。”如果，语调重音落在“小明”上，那么“小明”就是信息的焦点，如果落在“苹果”上，信息的焦点就是“苹果”。

四、辨析题

1. 义素和义场[武汉大学2010年研]

相关试题：义素[名词解释，北京大学2024年研；华中师范大学2023年研]

答：(1)义素和义场的区别

义素是构成词义的最小意义单位，即是词义的区别特征，所以又称词的语义成分或语义特征，是词的一种内部划分。义场又称语义场，把不同的词的意义进行比较，可以看到某些词义与另一些词义往往有某些共同的特点和相互关系（可以通过义素表现出来），是词与词之间的比较。

（2）义素和义场的联系

义场是根据词语间相同的义素连接而成的，是以义素为角度进行划分的。

根据词义上共同的义素把词分成大大小小不同的类，这就是词义的聚合，分出来的类就是语义场。属于同一语义场的各词有共同的义素，表明它们同属一个语义场；又有一些不同的义素，表明词义彼此之间的区别。

2. 蕴涵和预设［中国人民大学 2018 年研］

答：蕴涵和预设是检验句义之间真值的两种重要关系。

（1）蕴涵是指只能单向地从一个句义推出另一个句义，反向推导却不成立，即如果句子 A 为真，句子 B 一定为真，句子 B 为假，句子 A 一定为假，句子 A 为假，句子 B 可能为真也可能为假；那么 A 句义就蕴涵 B 句义。例如，A. 李明买了猕猴桃；B. 李明买了水果。

（2）预设是指一个句子的肯定义是判断另一个句子肯定和否定义的前提，即如果句子 A 为真，句子 B 一定为真，句子 B 为假，句子 A 一定为假，句子 A 为假，句子 B 仍为真；那么 B 句义就是 A 句义的预设。例如，A. 他哥哥昨天回来了/没回来。B. 他有哥哥。

3. 辨析下面的同义词。［首都师范大学 2012 年研］

商量/商榷

截止/截至

答：（1）商量/商榷

①相同点

a. 从词性上来讲，两者都是动词，都表示“交换意见”的意思。

b. 从语法功能上来讲，两者都能做主语、谓语、定语、宾语。

②不同点

a. 从语义上来讲

第一，理性义：“商量”着重指对有不同看法、有错误的意见观点提出讨论，除用于意见观点外，还广泛用于解决各种问题；“商榷”着重指一般的协商讨论，多用于意见观点。

第二，色彩义：“商量”多用于口语；“商榷”要庄重些，多用于书面语。

b. 从语法功能上来讲

第一，“商量”后面可接表动作时间的词语。例如，“商量了一会儿”。但不能说“商榷了一会儿”；“商量”能做“有”的宾语，“商榷”不能。

第二，“商榷”可以用在形式动词之后组成述宾结构，如“进行商榷”“值得商榷”，而“商量”不可以。

（2）截止/截至

①相同点

a. 从词性上来讲，两者都是动词，都表示到某一时间点上的停止。

b. 从语法功能上来讲，两者都可以充当谓语、定语。

②不同点

a. 从语义上来讲，“截止”表示到某个时间停止，强调“停止”；“截至”表示停止于某个时间，强调“时间”。

b. 从用法上来讲，“截止”置于表示时间的词语之后，“截至”则置于表示时间的词语之前，情况正好相反。

4. 辨析下列两组同义词。［南开大学 2011 年研］

(1) 安静、宁静

(2) 反应、反映

答：(1) 安静、宁静

①相同点

a. 从词性上来讲，两者都是形容词，都可以表示“没有声音，没有吵闹和喧哗”。

b. 从语法功能上来讲，两者都可以作定语，都可以修饰名词，构成偏正结构。还可以充当谓语。

②不同点

a. 从词义上来讲

第一，从理性义来看，“安静”重在稳定，有使安稳平静下来的意思，比如说“大家安静一下”。“宁静”则重在平和，一般多指环境和心情平和安静，它描述的是一种很安静的状态或气氛，比如说“公园里十分宁静”。

第二，从色彩义来看，“安静”是一个中性描述的词，既可以用于褒义语境，例如，“这安静的环境让人舒服”，又可以用在贬义语境中，例如，“他安静的吓人的脸，让我不寒而栗”；而“宁静”则多用在褒义的语境中，形容静态美的状态。例如，“这宁静的湖面让人一下子就柔软下来。”

第三，从语义轻重来看，“宁静”比“安静”的语义程度更深，是高于“安静”的一种情境。

b. 从用法上来讲

“宁静”除了指环境外，更多的时候是指一种心情上的安宁。“安静”的使用范围比“宁静”大一些。

c. 从语法功能上来讲

“安静”除了可以充当定语，后面还可以接宾语，如“安静一下”，而“宁静”则没有此用法。

(2) 反应、反映

①相同点

a. “反应”同“反映”都是有表示对某一刺激的回应的意义。

b. 两者都可作动词，都能作谓语中心语。

②不同点

a. 从理性义来讲

两者在意义上是有严格区别的。

“反应”是指有机体受到体内或体外的刺激而引起相应的活动，引申为对一事物的发生所引起的意见、态度或行为。例如，“他还没反应过来。”

“反映”是指光的反射、反照；比喻从客观事物的实质表现出来。“反映”常构成“反映情况”“反映问题”“群众的反映”等。“反应”的范围没有“反映”大，“反应”多用在有机体受到刺激而引起的相应活动和化学反应方面，而“反映”除去“反应”所用的范围外，都可应用。

b. 从语法义来讲

“反应”可以作名词，可以被形容词、代词等修饰，作中心语。例如“你能给点反应吗?”而“反映”则只能作动词。

五、分析题

1. 古汉语中的名词化标记是“所”“者”，现代汉语中“的”是名词化标记。请看下面有关“所”“者”“的”的几组材料，然后回答问题：

A 组	B 组	C 组
所行	行者	走的
所食	食者	吃的
所予	予者	给的

(1) 比较三组在结构上、语义上有什么特点?

(2) 请再举一些实例，总结古汉语的“所”“者”与现代汉语的“的”在语义上的一些规律。［北京师范大学 2014 年研］

答：(1)①从结构上看，A 组是“所 + 动词”，名词化标记位于动词之前；B 组是“动词 + 者”，名词化标记位于动词之后，C 组是“动词 + 的”，名词化标记位于动词之后。

②从语义上看，A 组表示的是动作的受事，如“所食”指的是“吃的东西”；B 组表示动作的施事，如“食者”指的是“吃饭的人”；C 组中，对于能够带一个论元(即跟谓词搭配的名词)的动词(不及物动词)，如“走的”，表示的是动作的施事，即“走的人”；对于带两个论元的动词(及物动词)是潜在的歧义结构，如“吃的”，既可以指施事“吃东西的人”——吃的是他，也可以指受事“被吃的东西”——吃的是苹果；对于带三个论元的动词(双及物区别)同样是潜在的歧义结构，如“给的”，可以指“发出给这个动作的人”——他给的，可以指“给的对象”——给他的，还可以指“给的东西”——给一本书。

(2)①“所”加在谓词性成分前，可转指受事、处所、工具等名词性成分，但从不转指施事。例如“鱼，我所欲也”，“所欲”转指受事“鱼”；“知其所之”，“所之”转指处所，“去的地方”；“城者，所以自守也”，“所以自守”转指工具“城”。

②“者”加在谓词性成分后面，往往转指施事，如“新浴者必振衣”，“新浴者”即转指施事。但“者”字也有部分自指功能，如“仁者，人也”，“仁”是指这种德行本身。

③“的”兼有古代汉语“所”和“者”的两种用法，加在谓词或谓词性成分后面，既能表示自指也能表示转指。表转指时原来表陈述的谓词性成分变为表指称的名词性成分，语义上可以转指施事，如“游泳的”；转指受事，如“新买的”；转指与事，如“我向他请教过的(那个人)”，转指工具，如“吃药的(杯子)”等。表示自指的只能在定语位置上出现，且不能离开中心语独立，如“开车的技术”“说话的声音”。

2. 请看下面三组英语材料，然后回答问题(引号里为汉语对应解释)：

A 组

the barking of dogs“冠词 – 狂叫 – 进行体 – 的 – 狗”

the growling of lions“冠词 – 怒吼 – 进行体 – 的 – 狮子”

tile roating of cannons“冠词 – 轰鸣 – 进行体 – 的 – 炮”

B 组

the raising of flowers“冠词 – 养殖 – 进行体 – 的 – 花”

the feeding of children“冠词 – 抚养 – 进行体的 – 孩子”

the breaking of glasses“冠词 – 打碎 – 进行体 – 的 – 杯子”

C 组

the shooting of hunters“冠词－射击－进行体－的－猎人”

the attacking of boxers“冠词－攻击－进行体－的－拳手”

the praising of friends“冠词－赞扬－进行体－的－朋友”

（1）请对上述三组的结构形式加以刻画，并说明语义关系各有什么特点。

（2）请指出上述三组中有歧义者，并使用所学过的分析方法加以分解。［北京师范大学2014年研］

答：（1）以上三组的结构形式均为“冠词＋动词进行体＋介词of＋名词”，表示一种从属结构。从语义上看，A组中名词是动词的施事，如the barking of dogs，发出“barking”动作的是“dogs”；B组中名词是动词的受事，如the breaking of glasses，“glasses”是“breaking”的承受者；C组中名词既可以看作动词的施事，也可以看作受事，如the attacking of boxers，既可以认为boxers发出了attacking的动作，也可以认为boxers是attacking的承受者。

（2）C组是有歧义的。可用语义指向分析法和变换分析法进行歧义分解。shooting、attacking、praising可以空指，指向隐含的宾语，表示主语发出了这些动作，hunters、boxes和friends属于受事成分，这样一来句子可等价变换为“the hunters are shooted”“the boxers are attacked”“the friends are praised”，也可以指向介词of结构的中心语，即表示hunters、boxes和friends是动作的发出者，可将句子等价变换为“the hunters’ shooting”“the boxers’ attacking”“the friends’ praising”。

3. 分析下列几组语言单位是否都能构成反义词，并简单说明原因。［中国传媒大学2013年研］

红－白　内地－外地　迅速－慢　尖－不尖　漂亮－丑陋

答：红－白：在单纯表示颜色时，“红”与“白”不对立；但在一定的社会语境中，“红”与“白”对立。红色表示喜庆，白色表示丧葬，如“红白喜事”。

内地－外地：不能构成反义词。两者语义场不同，“内地”即“内陆”，指内陆地区，与“沿海地区”对应；“外地”指本地以外的地方，与“本地”对应。

迅速－慢：不能构成反义词。两者虽然意义相反，分别表示速度的快与慢，但“迅速”与“慢”在形式上不对应，两者只是属于反义义场而非反义词，“迅速”应与“缓慢”构成反义词。

尖－不尖：不能构成反义词。反义词是指意义相反或相对的一组词，“尖”是形容词，而“不尖”则是短语，“尖”的反义词应是“圆”“钝”等。

漂亮－丑陋：不能构成反义词。两者的语体色彩不同。虽然两者表示的意义相对，但“漂亮”侧重口语，应与“难看”构成反义词；“丑陋”则侧重书面语，与“美丽”对应更为准确。

4. 从句法语义角度分析“客人来了”和“来客人了”的异同。［中国传媒大学2013年研］

答：（1）句法研究的是句子的各个组成部分和它们的排列顺序。句法关系是指句子成分之间的语法结构关系。

这两个句子在句法关系上的不同点是：

①“客人来了”是主谓结构，“客人”是主语，“来了”是谓语。

②“来客人了”是动宾结构，“客人”是动作“来”的宾语。

（2）语义关系意义是句法最为基础的部分，是通过句法手段来表现的。最为基础的语义关系有两类：基本词汇单位之间的上下位限定关系或基本词汇之间的述谓关系。

①相同点：在两个句子中，“客人”都是施事，是动作“来”的发出者。

②不同点：在“客人来了”中，“客人”是说话人和听话人确定的；在“来客人了”中，“客人”是未定的。

5. 请以“狗”“猫”“龙”“鸡”“青蛙”“老虎”“老鼠”之类的动物名词为例，分析汉语和你所熟悉的一种外语在词义上所表现出来的民族性。［中山大学2010年研］

答：词义的民族性是指词义由于受到民族语言的词汇系统的制约和民族文化等的影响而形成的特性。不同的语言具有不同的词汇系统，受此制约，不同语言的词义对于相同的客观事物和现象往往会有不同的概括。不同民族的社会背景不同，审美观点和角度不同，对事物自然属性引起的联想，形成的比喻义、象征义、文化内涵也有差异，因此，词义具有民族性。例如：

(1)“狗”在中国文化中，往往是人们讨厌的对象，通常用于贬义语境中，如汉语中的“癞皮狗、走狗、狼心狗肺、人模狗样、痛打落水狗、猪狗不如的东西、狗腿子”等都是贬义的；而英语中的这类词语小部分具有贬义，大部分没有贬义，甚至有褒义。例如dogfight(激战)、doggish(泼辣、华丽)，而to work like a dog是“拼命工作”的意思，a lucky dog则意为“幸运儿”。

(2)“鹤”在中国文化中是寿星的主要标志之一，象征着长寿，例如“松鹤延年”“鹤发童颜”等比喻长寿；另外，“鹤”还能形容不与世俗合流的名士高人，例如“闲云野鹤”“鹤立鸡群”；但在英国“鹤”却被认作是丑陋的鸟。

6. 下面是三个词的释义。请据此分析：

信：①言语真实；②对人真诚；③相信；④的确、确实；⑤凭证；⑥信使；⑦音讯；⑧书信。

要：①腰；②中间；③拦截；④要挟；⑤求得；⑥需要。

节：①竹子的节；②用于树木，为木节；③用于动物，为关节；④用于时日，为节气；⑤用于音乐，为节奏；⑥用于道德，为节操；⑦用于社会，为法度；⑧用于动作，为节约。

(1)这三个词的词义(语素义)的引申方式。

(2)它们的引申方式可以归纳为几种类型？［中山大学2011年研］

答：(1)三个词的词义(语素义)的引申方式：

①“信”的词义是通过所反映现实现象之间的联系进行引申的。将本义“言语真实”概括范围扩大，引申出“对人真诚”“相信”等词义；凭证具有真实可信的属性，因而“信”的词义又引申为“凭证”；“信使、音讯”与“凭证”有一定内在联系，书信是记录凭证、音讯的载体，因此“信”的词义又引申出“书信”。

②“要”的词义是通过所反映现实现象之间具有一定的相似性进行引申的。“要”的本义是指腰部，由于词义的引申、发展，它的常用义已经不再指腰部了，产生了分化字“腰”来记录它的本义；腰是人和其他动物躯体的中间的部位，具有“中间”的特点，因此“要”引申出“中间”的词义；“拦截”这一动作含有“从中部截断”的意思，与“要”具有“中间”的相似性；“要挟”的引申方式。

③“节”的词义是通过现实现象之间具有一定的相似性进行引申的。“节”的本义是竹节，由于竹节的特点，引申为木节，又引申为指动物的骨节、关节，也指音乐的节奏、节拍，还指岁时的季节、节气，它们之间存在着一定的相似性。进一步用于抽象的事物，一是指法

度，二是指节操。又竹节如缠束之状，故引申为动词“束缚”。由此，又引申为节制，节省、节俭。

(2)引申方式可以归纳为隐喻和转喻两种类型：

①隐喻，即甲、乙两种现象之间存在某种相似性，以指称甲现象的词去指称乙现象。

②转喻，即甲、乙两种现象之间并没有某种相似性，但存在某种联系，因此用指称甲现象的词去指称乙现象。

7. 指出下面的句子中的预设。[南开大学2011年研]

王老师的《西游记》跟我从图书馆借的《西游记》不是一个版本。

答：预设是指一个句子的肯定义是判断另一个句子肯定和否定义的前提，即如果句子A为真，则句子B为真，如果句子A为假，则句子B也为真。

题中句子的预设是“王老师和我都有《西游记》”。

8. 用语义分析法辨析下列句子的语义关系或异同(可以用语义关系、语义指向或语义特征等任一方法辨析)。[中国传媒大学2011年研]

(1)喝饮料－喝大杯

(2)他圆圆地画了一个圈儿－他满意地笑了笑－他常常出差

(3)我学会了游泳－他打碎了杯子－她做完了饭

(4)身上盖着毯子－屋外下着雪

(5)我同意去－我应该去－我强迫去

答：根据语义分析法对上述例句的分析如下：

(1)“喝饮料”是“谓语＋受事宾语”；“喝大杯”是“谓语＋方式(中性)宾语”。

(2)“圆圆”语义指向“圈儿”；“满意”语义指向“他”；“常常”语义指向“出差”。

(3)“学会”中的“会”语义指向“我”；“打碎”中的“碎”语义指向“杯子”；“做完”中的“完”语义指向“饭”。

(4)“身上盖着毯子”可以变为“毯子盖在身上”，“屋外下着雪”不能变为“雪下在屋外”，原因是动词“盖”具有“延续性”的语义特征，而“下”具有“结束性”的语义特征。

(5)“同意”和“强迫”后面都有空语类，所以有歧义，既可以是“我同意或强迫自己去”，也可以是“我同意或强迫别人去”；而“我应该去”只能表示“我应该自己去”。

9. 阅读并分析下面这两段文字，指出苏文纨对方鸿渐称呼的变化说明了什么语用含义。[浙江大学2010年研]

(1)苏小姐的声音很柔软：“鸿渐吗？我刚收到你的信，还没拆呢。信里讲些什么？是好话我就看，不是好话我就不看，留着当你面拆开来羞你。”

(2)“收到了，方先生，”……鸿渐听她恢复最初的称呼，气都不敢透……“方先生听说礼拜二也来过，为什么不进来，我那天倒在家。”

答：(1)语用含义是指话语中更深一层的含意，是说话人所要表达的真实意图，即“言外之意”。语用含义需要听话人根据语境从话语的表面含意去推知。

(2)苏文纨对方鸿渐称呼的变化，不仅揭示了两人关系的变化，更是表达了客气、冷淡的态度。第一句中苏文纨称呼方鸿渐为“鸿渐”，此时两人的关系很亲密，这也反映在称呼上；但是经过一段不愉快之后，两人的关系变得尴尬、产生了隔膜，所以苏文纨对方鸿渐的称呼变成了“方先生”，表达出一种客气和距离感，同时也是对方鸿渐的讽刺。

10. 沸羊羊对懒羊羊说：“自己的事情自己做，我们是不会帮你搭瞭望塔的。”沸羊羊也

可以这样说："自己的事情自己做，我们不会帮你搭瞭望塔。"前后两个句子在句法和表达上有什么不同吗？[首都师范大学 2011 年研]

答：题干中前后这两句话在表达意义上是相同的，但是在句法结构上有所不同，具体如下：

(1)句法上的不同

句法上，前一句是强调句，突出强调了"不会帮你搭瞭望塔"这个事实；而后一句只是一般的陈述句，只是对"不会帮你搭瞭望塔"这个事实做出说明。

(2)表达上的不同

表达上，前一句的表达效果比后一句要好。前一句采用了"是……的"的句式，在句中起语气词的作用。"是"后面的成分是说话者所传达的信息的焦点，通过"是"向对方传递希望听话者特别关注、需要引起注意的部分。

11. 试把下面的汉语句子译成你所熟悉的外语，并据此说明你所发现的两种语言的不同语法特点。[中山大学 2010 年研]

这是什么？这是书。

这是一本书吗？是的。

不，它不是。它是一个笔记本。

答：(1)翻译

这是什么？这是书。英译：What is this? This is a book.

这是一本书吗？是的。英译：Is this a book? Yes.

不，它不是。它是一个笔记本。英译：No, it's not. It is a notebook.

(2)两种语言的不同的语法特点

①汉语中短语和句子的基本结构方式一致；如"这是一本书吗?"和"这是书"，一个疑问句，一个短语，结构一致，而英语却不同。

②汉语缺乏形态，疑问句是在陈述句的句尾加上语气词"吗"表疑问语气，同样的例子英语中语序倒置。

③汉语中词类和句子成分之间不存在简单的一一对应关系，而英语则一般具有对应性。

④汉语中量词丰富，英语没有量词，只有冠词 a/an。

六、简答题

1. 请说明词义与概念的区别。[中国传媒大学 2013 年研]

答：词义与概念的区别在于：

(1)词义是词的意义，包括词汇意义和语法意义，即词的内容。词义具有概括性、模糊性和民族性。

(2)概念是思维的基本形式之一。反映客观事物的一般的、本质的特征。人类在认识过程中，把所感觉到的事物的共同特点抽出来，加以概括，就成了概念。

(3)概念是纯思维的东西，只能表示理性意义。词除了能表示理性意义之外，还能表示某种感情色彩和语体风格。例如，"老大娘"和"老太婆"都表示"年纪大的妇女"的概念，但词义表示的感情色彩不同，前者是尊敬的称呼，后者含有不尊重之意。

(4)表达概念的语言形式是词语。同一概念可以用词义不完全的词来表示，也可以用短语表示。例如："医生""大夫"和"郎中"，词义不完全相同，但有时可以表示同一概念；"疗效"和"医疗效果"，概念相同，而"疗效"是词，"医疗效果"是短语。

(5)概念作为一种思维形式，全人类都是相同的，词义则具有民族特点。例如“狗”作为概念，全世界都没有区别；但欧、美等地以狗喻人多带褒义，在汉语中则多含贬义，如“狗东西”“狗头军师”等。

2. 词义的基本特征是什么？［南开大学 2011 年研］

答：词义的基本特征主要有以下三点：

(1)概括性

词义的概括性指的是从同一类现象中抽象出了它们共同的且区别于他类现象的本质属性。例如“改革”便包括经济改革、政治改革、文字改革等各种各样的改革。词义为了准确地表明这个词所表示的对象的范围，便须舍弃各种“改革”的具体的个别的特征，概括出对象的共同的本质的特征。

(2)模糊性

词义的模糊性是指词义的界限不清楚，它来源于词所指的事物边界不清。例如“中午”同“上午”“下午”之间便没有一个明确的界限。词义的模糊性是客观事物连续性的反映。

(3)民族性

词义的民族性是指不同民族的语言有不同的特点。

①不同的语言具有不同的词汇系统，受此制约，不同语言的词义对于相同的客观事物和现象往往会有不同的概括，如汉语用哥哥、弟弟、姐姐、妹妹表示同一父母所生的子女，而英语只用 brother、sister 来表示。

②不同的民族文化也会影响词义的民族性，如“狗”，虽然汉族和英吉利民族对这种家畜都是喜爱的，但用于指人时汉语中大多是贬义的，而英语中则大多都没有贬义。

3. 词与语素的区别与联系。［北京语言大学 2010 年研］

答：(1)词与语素的区别

①语素和词是不同层级的语言单位

a. 语素

语素是最小的有音又有义的语言单位。从词汇材料角度考虑，以语素的构词能力为标准，语素可以分为成词语素和不成词语素；前者可以独立成词或与其他语素一起构成词，后者只能和其他语素一起构成词。现代汉语里的语素多数是由古代汉语的词演变来的。由于汉语的词逐渐由单音节向双音节发展，古代汉语的许多词(成词语素)在现代汉语中变成构词成分，成为不成词语素。

b. 词

词由语素构成，是语言中最小的能够独立运用的有音有义单位。“独立运用”是指能够单说或单用；“最小的”是说词是不能扩展的，即在词中不能再插入别的成分，即使两个成词语素组成的词也不能分开。

②语法作用不同

词和语素在运用中的语法作用是不同的，词是独立承担语法意义的语法单位，而语素则不能单独使用，只能组合构成词。

③分类不同

a. 语素

语素根据不同的角度可以分为不同的类型，主要有：

第一，根据音节多少可以分为单音节语素和多音节语素。

第二，根据构词能力可以分为成词语素和不成词语素。

第三，根据语素在词中的地位和作用可以分为词根和词缀。

b. 词

词可以根据使用情况分为一般词汇和基本词汇；也可以根据功能意义分为实词和虚词。

(2)词与语素的联系

语素是构词的主要单位，语素是组合成词的材料，语素按照不同的组合规则可以组合成不同结构类型的词。

4. 汉语中有大量的同音词，但人们在使用中却不会造成误解，为什么？举例说明。[武汉大学2010年研]

答：(1)同音词的内涵和特征

同音词是指语音相同而意义之间并无联系的一组词，是多词同音。同音词包括同字同音词和异字同音词。例如，“别”有三项意义：

①别离。如：“别了，我的母校。”

②绷住或卡住。如：“别上校徽。”

③不要，不用。如：“别去了。”

这几项意义之间没有内在的联系，例句中的三个“别”是三个同音词，只是用同一个字书写罢了，这种是同字同音词。还有许多是书写形式不同的异字同音词，它们较易分辨，如“公事－公式－工事－攻势”“淡－蛋－但”等。不论何种同音词，都必须声母、韵母、声调完全相同。

(2)人们在使用同音词时不会造成误解的原因

①在口语中，有语境帮助澄清语义。这里的语境包括时间、地点、场合、事件、人际关系、语气、表情等等。

②在书面上，同字同音词读音相同但意义不同；异字同音词读音相同但字形不同。一般情况下，读音相同的字，字形也会不同，将其变为文字，在使用中也不会有误解。

总之，因为同音词的特征，加上在汉语使用中的语境特点，使得大量同音词在汉语中的使用不造成误解的现象。

5. 举例说明什么是指示语。[华中师范大学2014年研]

答：指示语是话语中跟语境相联系的表示指承信息的词语，也即涉及话语所谈论的事物、事件以及它们在时空中的存在方式、运动方式等问题。主要包括以下几种类型：

(1)人称指示语

人称指示语在语言中表现为一、二、三人称。在话轮中，有若干语用表现第一话轮开始时，说话人可通过使用人称指示中的呼语为下一话轮选定对话人，而且话语本身会表达出一个或多个言语行为。有时，当说话人的话轮由对话人接过去时，如果说话人的话语中有指示语，则该指示语在第二话轮中要做相应的改变。

(2)时间空间指示语

这类指示语表承话语中关于时间或者空间的信息。空间指示语是话语中关于方位、处所的指示，又称地点指示语。

(3)社交指示语

社交指示是用来指明说话人和受话人之间，或说话人和所谈及的人(第三方)之间的社会关系的。社交指示体现在交际双方所使用的语言形式之中，凡是能表明说话人和受话人或第三方之间社会关系的语言形式，都是社交指示语。从中可以判别出交际双方的社会关系来：是平等关系还是权势关系；是关系亲近还是关系疏远；是异性关系还是同性关系，等等。如第二人称单数通称形式“你”和尊称形式“您”的运用就反映出说话人和受话人之间的关系。

6. 换喻是什么？换喻有几种类型？请举例说明。［北京大学 2010 年研］

答：(1)换喻

参见本章复习笔记。

(2)换喻的类型

换喻主要是按照事物间的相关联系而形成的词义的演变，其常见的类型主要有：

①材料－物品。例如，英语词汇“wood”本来是“木头”的意思，由于长期使用中的引申，“wood”也被用来指称“木杆”“木瓶”等木制品。

②产品－地名。例如，英语词汇“china”本来是“瓷器”的意思，由于古代中国的瓷器在外享誉盛名，因而后来用“China”指中国。

③地名－部门代称。例如，汉语中“中南海”原是地名，后来由于国务院在此办公，则“中南海”就成为了国务院的部门代称。如“政策出不了中南海”等说法。

④部分－整体。例如，汉语中“口舌”是人体的器官，但后来抓俘虏也叫“捉舌头”。

⑤材料－产品。例如，英语词汇“glass”意为“玻璃”，也被用来指称“玻璃杯”，这是用制造的材料来指所制造的产品。

⑥地名－产品。例如，汉语中的“茅台(酒)”因产地而得名。

7. 举例说明词义包括哪些内容？并从下列词语中归纳出语素义和词义之间组合的方式。［中南大学 2010 年研］

立功　怪诞　裙钗　虎穴　带鱼　忘记

相关试题：简述词义的内容。［山东大学 2023 年研］

答：(1)词义的内容

词汇意义可分理性义、色彩义和语法义。实词都有一种与概念相联系的核心意义——理性义，此外还可能有附着在理性义上面的色彩义，色彩义主要包括感情色彩、语体色彩和形象色彩。

①理性义

又称概念义、主要意义，是指词义中同表达概念有关的意义部分，例如：

a. 赡养：意为子女或晚辈对父母或长辈在物质上和生活上的帮助。

b. 晦涩：意为文辞等隐晦，不流畅，不易懂。

②色彩义

又称附属义，是指附着在词的理性义之上表达人或语境所赋予的特定感受。色彩义包括：

a. 感情色彩

感情色彩是指词义中所反映的主体对客观对象的情感倾向、态度、评价等内容，通常有褒义色彩和贬义色彩。更多的词既没有褒义色彩，也没有贬义色彩，它们是中性词，例如，“山脉”。

b. 语体色彩

语体色彩，又称文体色彩，是指有些词语由于经常用在某种语体中，便带上了该语体所特有的色彩。一般分为书面语语体和口语语体。例如，“赡养”“晦涩”都具有书面语体色彩。

c. 形象色彩

形象色彩，是指表示具体事物的词，往往给人一种感官上的联想，这种联想来自对该事物的形象的概括，例如，“云海”。

③语法义

语法义，是指一个词所具有的语法作用，即一个词是名词还是形容词，它在句子中是什么成分，是作谓语还是宾语等。例如，“桌子”这一词的语法意义有：该词属于名词，可以与形容词等词连用，可以作主语宾语等语法成分。

(2)材料所给词反映的语素义之间组合和词义的关系

①语素义以并列组合的形式共同形成词义。例如，“怪诞”“裙钗”，前者由两个形容词共同组合成的，后者由两个名词组成，这样组合能形成更加丰富的词义。“怪诞”既具有奇怪又具有荒诞的含义，“裙钗”既可指妇女服饰又可指妇女。

②各语素义共同修饰或作用形成词义。例如，“虎穴”“带鱼”是由定语修饰名词，限定范围，使词义更加明确；再如，“立功”是由动词和名词组成的动宾结构，共同作用组成新的词义。

③在各语素义中取其中某一个来代表该词的词义，其他语素义被忽略或淡化。例如，“忘记”是由两个表示并列联合关系的语素义组成，但是在词义的形成中只取了语素义“遗忘”这一部分的意义。

8. 什么是语义指向？举例说明状语的语义指向。[北京师范大学 2013 年研]

相关试题：语义指向[名词解释，南京师范大学 2024 年研]

答：(1)定义

语义指向是指句中某个句法成分与哪一个词语或哪个成分在语义上发生最直接的联系。它研究的是句子成分之间在语义上的搭配关系，句法结构研究的是句子成分的组合关系。语义上的搭配关系和句子成分之间的组合关系可以是一致的，也可以是不一致的。

(2)状语的语义指向

状语同句中成分之间有语义联系。句子中，状语一般位于主语之后，谓语中心语之前。结构上，状语同谓语中心语有偏正关系；语义上，状语一般修饰或限制其后的中心语。即状语和其中心语是谓词性偏正结构的两个直接组成成分，偏正之间语义上的联系反映了直接组成成分之间的语义关系。具体来说有以下四种情况：

①后指中心语。例如：血压(急剧)下降。

②前指主语。例如：祥子(青筋蹦跳)地坐下。

③后指宾语。例如：花也很多，(圆圆)地摆成一个圈，不很精神，倒也整齐。

④前指“把”的宾语。例如：我把王群(满意)地打发走了。

9. 词义引申大体可分为隐喻和换喻两种，换喻引申和隐喻引申有什么不同？试举例说明。[武汉大学 2011 年研]

答：参见本章复习笔记。

10. 语境对词义的影响和作用。[北京语言大学 2010 年研]

相关试题：举例说明什么是语境。[中国传媒大学 2010 年研]

答：语境是指语言环境。在书面语中表现为上下文所产生的语言环境，词义在使用过程中不是仅仅只有表面上的意义，一般还有深层意义，而这一意义直接与语境相关。语境可以使词语的意义发生以下几种变化：

(1)使语言意义更明确，消除多义和歧义

一个词语往往不止一个意义，在使用过程中容易造成歧义现象，而相应的语境则可以很好地分化词义的多义现象。例如，“家里门没锁。”这句话中，锁是多义词，离开语境，句子就有歧义，如果加上一句表示上下文语境的话，就会将“锁”这一词单一化。例如，上面的例句加上一句“去超市买把锁回来吧”就可以知道上述句子中的“锁”是名词。

(2)使词语获得临时的、特定的含义

词义是以语音形式固定下来的、人对客观事物的概括反映和主观评价，以及词在特定使用范围中所产生的意义。但是在具体的语境中，可能会获得一些临时的意义。例如，“我爸天天晚上修长城。”这句话中的“修长城”就不再是原来的意义，而是表示“打麻将”的意思，是在语境中获得的临时的意义。

(3)影响词语的感情色彩

词的感情倾向也是固定的，但在一定的语境中也会改变。例如，“真不错，考个试还能背回一筐鸭蛋”，“不错”本来是一个褒义词，但在这句话的语境中可知，是一个表示讽刺的贬义词。词语的感情色彩发生了变化。

(4)填补、丰富词语的意义

词语在很多情况下不是仅仅只反映表面的词义，可能还会有一定的深层含义，根据语境可以补全这些含义。例如，《哈姆雷特》中王后想表达怀疑哈姆雷特杀了他的父亲时说了句“你把你父亲大大地得罪了”。这句话中的“大大”就是具有深层意义的词语。

11．举例说明语义场的各种类型。[中国传媒大学2010年研]

答：语义场由于各成员相互之间的关系不同，可以分出不同的种类，主要有：

(1)类属义场

类属义场的成员同属于一个较大的类，例如，“桌子－椅子－板凳”同属家具类，“锅－碗－瓢－盆”同属厨具类，“红－黄－蓝－白－黑”同属颜色类，“纸－笔－墨－砚”同属文具类。在汉语中类属义场所概括的事物，往往超过所列举的事物的总和。另一方面，汉语中的类属义场的划分并不一定符合科学分类的要求。很多分类都只是根据人们的某种思想、习惯，例如，“家禽－野禽”“害虫－益虫”都是根据它们同人的关系进行的分类。

(2)顺序义场

顺序义场的各成员按照某种固定的顺序排列，例如，“大学－中学－小学”“初试－复试”“初赛－复赛－决赛”“助教－讲师－副教授－教授”“头伏－二伏－三伏”等都是。

如果义场中包含的成员很多，往往在前面加上数词表示，例如，小学有“一小－二小－三小……”，中学有“一中－二中－三中……”。

(3)关系义场

关系义场一般由两个成员组成，两者处于某种关系的两端，互相对立、互相依靠。

例如，“老师－学生”便是因教育关系形成的语义场。“教育”是这个义场的关系义素。

(4)同义义场

意义相同或相近的词组成的语义场称为同义义场，同一义场中的各个词称为同义词。包括下列两类情况：

①不论从哪一方面来看，意义都相同，在语言中通常可以换用。例如，“演讲”和“讲演”，“觉察”和“察觉”，“情感”和“感情”等。这类同义词称为等义词，在词汇里比较少。

②意义并不完全相同，也有人称为近义词。例如，“坚决”和“坚定”，都有拿定主意、不为外力所动摇的意思，但两者在意义和用法上都有细微差别。“坚决”侧重态度果断，跟“犹豫”相反；“坚定”侧重立场稳定，跟“动摇”相反。因此，“坚决”常用来表示行动、态度；“坚定”常用来表示立场、意志。

(5)反义义场

两个意义相反或相对的词可以构成反义义场，则这两个词互为反义词。例如“上－下”是反义义场，“上”是“下”的反义词，“下”是“上”的反义词。“前进－后退”，“好－坏”，“成功－失败”都是如此。反义义场分为两类：

①互补反义义场

处于互补反义义场中的两个反义词，如果肯定一方就必须否定另一方，如果否定一方就必须肯定另一方，两者中间不容许有非此非彼的第三者存在。

例如：生－死；动－静；有－无；曲－直；反－正；公－私。

②极性反义义场

处于极性反义义场的两个反义词，如果肯定一方就必须否定另一方，但是如果否定一方并不意味着必须肯定另一方，两极之间存在着中间的现象。

例如：白－黑；大－小；高－低；粗－细；苦－甜；冷－热；东－西；软－硬。

七、论述题

1．论述词义的派生如何实现。［南开大学2011年研］

答：(1)词义派生的基础

一个词最初总是用来反映一类现实现象，由于现实现象可能具有多种特征，它与其他现象之间具有多种多样的联系，因而，也可用指称这一类现实现象的词去指称其他的现实现象。派生意义就是顺着这样的桥梁，从本义一步一步扩散开去的。这和联系产生的基础主要是：派生义和本义之间存在着内在联系，两者表示事物的某一共同的特征。

(2)派生意义的方式

参见本章复习笔记。

2．就会话含义展开论述，内容可包括什么叫会话含义、会话含义是如何产生的以及人们是如何得知这些会话含义的等方面。［中国传媒大学2012年研］

答：(1)会话含义理论的提出和作用

会话含义是美国语言学家格赖斯于1967年提出的，它是语用学的核心内容，在言语交际中起着非常重要的作用，是语用学研究的开端，主要是为了说明人们在交际中怎样互相合作以及如何理解表达者的话语意图。

(2)会话含义理论的内容

会话含义理论不是从语言系统的内部出发来研究语言本身所表达的意义，而是主要依据语境研究话语的真正含义，解释说明话语的言外之意。

(3)会话含义的分类

①一般性会话含义

一般性会话含义是指不需要特殊语境就能推导出来的含义。

②特殊性会话含义

特殊性会话含义是指必须依赖语境才能推导出来的含义。

(4)会话含义的准则

主要遵循“量的准则”“质的准则”“相关准则”和“方式准则”，依据这些准则帮助人们在实际交流中更好的理解会话含义。

①量的准则是指所提供的信息的量，所说的话应该包含当前交谈目的所需要的信息，而且尽量不要包含多余信息。

②质的准则是指人们所说的话应该力求真实，尤其不要说那些虚假的和缺乏足够证据的话。

③相关准则是指在关系的范畴下，只能提出一个准则，即人们所说的话应该是相关的。

④方式准则是指人们应该清晰明了地说出所要说的话，尤其应该避免晦涩、歧义的产生，言语要简练和有条理。

人们在交际中相互合作，运用会话含义的准则，顺利完成交际活动，理解交谈者的话语意义。

会话含义理论是语用学的核心部分，是语言的实践运用所必需的，对语用学研究有重要的意义。

3. 试论语境在言语交际过程中对话语理解的作用。[中国传媒大学2010年研]

答：语境是指话语使用的具体环境，话语意义的形成与语境有着重要的关系，在话语理解过程中，必须考虑语境的因素，不同的语境会使话语附带上不同的含义。语境对语言理解的作用主要体现在以下两方面：

(1)限制作用

语境对话语的理解具有限制作用，首先表现在对词语的理解和选用上。同样一个词语在不同的语境中，表达的意思就可能不同，这就需要依据语境做出准确的理解。

例如，“我们以我们的祖国有这样的英雄而骄傲，我们以生在这个英雄的国度而自豪”和“谦虚使人进步，骄傲使人落后”。这两个句子中都用了“骄傲”一词，在前句中，根据上下文语境可以判断是褒义词，而后一句中则是贬义词。语境的使用就限制了词语意义的理解。

(2)补充作用

语境对言语理解的补充作用主要表现在对言语的深层含义和言外之意的理解上。一个句子，表达的可能只是很简单的字面意义；也可能是语境所赋予的一种深层含义；还有可能是字面意义之外的一种言外之意。语言的深层意义和言外之意是不同于语言表面意义的，需要结合具体语境来进行理解。

例如，一个不熟悉的客人来你家，那天比较冷，客人稍微有点感冒，你家开着窗子，客人说：“今天有点冷。”你如果认为客人只是想告诉你天冷这个事实，那就忽略了语境的物理作用。他实际上是暗示你把窗户关上，这种暗示就是语境给这句话补充的信息。多数情况下，由于语境的补充，人们能理解出语言的深层含义和言外之意。

总之，语境是一种社会现象，语言活动是一种社会活动，语用语言总离不开一定的语境，因此，人们学习语言不仅要学习语言的表面意义，还要根据语境了解语言的深层含义。在特定的语言环境中使用特定的语言，提高语言的实际运用能力。

第6章　文　字

6.1　复习笔记

一、文字和语言

(一)文字在人类历史上的重要作用

1. 人类的文明是与文字的出现密不可分

文字一经出现，便以其能超越时空限制、便于保存传播的独特作用大大地促进了社会的发展。

2. 文字具有积极的能动性

人类借助文字，不仅可以相互交流信息，而且可以借助它更敏锐地认识世界，有效地改造世界。

3. 文字是人类学习语言的工具

学习语言时，如果配合以文字形体，从视觉方面进行刺激，更有助于语言的掌握。

(二)文字是音义形三位一体的系统

1. 文字是一种书写的符号，但并不是所有的书写符号(如电报代码等)都是文字。

2. 文字是用来记录语言的，有一定的组合规则和读音。语言有语音和语义两个方面，文字也必须反映语音和语义这两个方面，这两方面属于语言系统；此外，由于文字是书写符号，必须具备形体的一面，这是语言所没有的，属于书写系统。

(三)文字和语言的联系和区别

文字和语言是两种现象，它们之间既有密切联系又有明显区别。

1. 文字是记录语言的符号系统，用什么字符或字符与字符怎样组合表示什么语言单位，是人为约定的。

2. 文字是语言的代码，文字是离不开语言的，只有文字而没有语言的现象是不存在的；但语言不依赖于文字，没有文字，可以有口头语言。

3. 文字对语言有非常重要的影响：文字将语言的听觉符号转变为视觉符号，扩展了语言的功能和使用范围；文字不只是记录语言，还能积极促进语言的发展，用文字写成的书面语是经过推敲、提炼、加工的，比口语更严密简洁，语汇更丰富，语法更规范。

4. 一种文字系统可以记录不同的语言系统，如拉丁字母；同一种语言系统又可以采用不同的文字系统，如日语夹用汉字和表音文字(假名)。

二、文字的基本性质与文字的产生

在文字产生以前，人们采用的记事手段有实物记事、图画记事和符号记事三种。

(一)实物记事

1. 实物记事是指用一些实物来表示某种意义，比较普遍的实物记亊的办法是结绳。

2. 实物记事只能帮助记忆或传递十分有限的信息，在实物记事的基础上不可能发展出文字。

(二)图画记事

1. 图画记事的进步性

图画记事是指描绘事物的轮廓特征，用组合图形来记事。与实物记事相比，其进步性表现为：

(1)比用实物简便。

(2)可以标记较为复杂的内容。

2. 记事图画和文字的关系

(1)记事的图画只能表示大致的意思，没有和语言的词语相对应；图形的组合排列，也没有和相关词语的语法顺序对应，所以记事图画不能算是记录语言的文字。

(2)但是，记事图画是文字产生的基础。如果将图形和表达事物的词语稳定地联系起来，将图形的顺序按词语的语法顺序排列，就成了最初的表词文字。各种独立形成的自源文字都是从图画发展为表词文字的，如古苏美尔的线形文字、古埃及的圣书字和中国的甲骨文。

(三)符号记事

1. 符号记事是指在器物上刻画一些抽象的符号表示某种意义。契木就是一种符号记事的办法。

2. 符号记事的记事功能也十分有限，难以成为产生文字的基础，不过有少数字是源于符号记事的，如汉语的数字。

(四)早期文字：原始的图画文字

1. 文字系统产生的条件

(1)判定文字系统已经产生，有三个基本的条件：

①具有数量足够多的与某种语言里的语素或词相对应的小图形，这些小图形可以按这种语言的音读出来。

②这些小图形可以重复使用而所表达的音义不变。

③这些小图形的排列规则足以反映这种语言说话时语素或词的排列次序。小图形排列的顺序不同，所反映的语言单位的排列次序也就不同，表达的意思也因此不同。

(2)是否用借音的办法扩大文字所能够记录的语词的范围，是原始的图画文字与记事图画一个关键性的区别。

2. 原始文字的缺陷

(1)从形体是否定型的角度看，原始文字的字形存在着一定的随意性。

(2)从字形和词语对应关系的角度看，原始文字的字形和语词并非一一对应的关系。

(3)从语词是否有字形对应的角度看，有些语词(尤其是虚词)在原始文字中并没有对应的字形，这样的文字工具当然只能粗略地记录语句。

三、共时文字系统的特点及分类

(一)从文字的次小单位看文字的共性和分类

1. 文字的次小单位

文字有大小不同的形体单元，如汉字的笔画、偏旁部首、字、词、句等；英文的字母、词根、单词、短语、句等。一个汉字(如“种”)或一个英文单词(如“species”)基本上对应各自语言中的一个音义结合体(即一个语素)。因此，从这一级单位来看文字与语言的关系，它既表音又表意，故无表音文字和意音文字之别。

2. 文字的共性

按照本教材观点，任何文字，不管其形体构造如何，必然有一级是与语言中的音义结合体相对应的，并且这一级一定不是最小的文字单位。这是所有文字的共性。

3. 文字的分类

根据文字的次小单位与语言单位(音、义)的对应关系，可以把文字分为：

(1)语素-音节文字，如汉字。

(2)语法词-音系词文字(简称表词文字)，如英文。

(二)从文字的最小单位看文字的不同类型

1. 文字的最小单位

按照本教材观点，文字的最小单位是指与语言系统中音义结合体相对应的一级被进一步分解后的那一级单位。如汉字的“种”，可分为“禾、中”，英文单词“species”可分为“s-p-e-c-i-e-s”。这种符号称为字符。

2. 文字的不同类型

根据字符与语言音义的关系，可以把文字分为：

(1)意音文字

①意音文字的字符既有表意符号，又有表音符号。多数情况下，一个字代表一个词(语素)，如“杖(手持的木棍)”；少数情况下，一个字只代表一个音节，几个字合起来才能代表一个词(语素)，如“垃圾(脏土或扔掉的破烂东西)”。

②意音文字提示读音的字符称为声符，提示意义的字符称为义符。

③世界上独立形成的古老的文字体系都是意音文字，如古汉字、古苏美尔文字、古埃及文字、古玛雅文字等。

(2)表音文字

①表音文字的字符一般称为字母，一个字母一般代表一个语音单位(音位或音节)，所以表音文字一般又分两类：

a. 音节文字。一般一个字符表示一个音节，如日语的假名和朝鲜语的谚文。

b. 音位文字。又称为音素文字，一般一个字母表示一个音位(音素)。音位文字根据字母表示的音位的性质，又可分为：

第一，辅音文字(字母只表示辅音音位，不表示元音音位，或用一些附加符号表示元音)。

第二，元音-辅音文字(又称元音音位文字，既有表示辅音的字母，又有表示元音的字母)。

②表音文字一般来说可以见形知音，但也有例外。

③世界上现在使用的文字绝大多数都属于表音文字。表音文字能够用少量的字符来拼写语言中所有的词语，如英语、俄语、法语等。

四、文字的发展与传播

文字的创造有两种方式：

自源文字，是在某种语言的基础上自发产生并逐步完善的文字。

他源文字，是借用或借鉴其他语言的文字而形成的文字。

(一)早期自源文字：不完善的意音文字

1. 自源文字的种类

古苏美尔的线形文字、古埃及的圣书字、美洲的玛雅文字和中国的甲骨文。

2. 自源文字的特点

(1)都是不完善的意音文字，字形的象形程度也都很高。

(2)都是从图画发展为表词文字的。从形体上看，这几种古文字非常相似，有许多字犹如图画；从造字法的角度来看，它们同时使用了表形、表意以及假借字音三种不同的造字方法。

(二)自源文字的发展

古苏美尔的线形文字、古埃及的圣书字、中国的甲骨文早期都属于不完善的意音文字，但其后的发展路径却各不相同。

1. 古苏美尔文字

初期表词字以象形为主，有少数会意字，后来“图画文字”逐步消失，出现了表示音节的符号，此外，还有丰富的单音节词缀表示词的语法变化，再往后发展，声符使用越来越广泛，有些声符逐渐固定为表示某个音节的符号，但是，由于苏美尔语以单音节词为主，有大量同音词，因此需要用义符来减少歧义，这样就形成了形声字。

2. 古埃及文字

逐渐脱离了“图画文字”，以象形的表词字为主，已有不少声符，有些声符逐渐成为表示单个辅音的音位符号，之后又广泛使用类符(相当于汉字中的形旁)，与声符合成形声字。

3. 古汉字

从商代后期的甲骨文来看，汉字在当时已是相当成熟的意音文字，有大量的象形字、假借字和少数形声字，为了表达一些专有名词和意义抽象的词，较早出现一批声符，到后来，形声字逐渐增多，成为汉字的主流。

(三)他源文字的创新与文字的换用

由于文字记录的语言在类型等方面存在着差异，引进他源文字的国家和民族需要结合自己语言的特点，对他源文字进行改造和创新。

1. 引进古苏美尔文、古埃及文的他源文字系列

这一系列的他源文字，主要是向声符多、义符少的意音表词文字、辅音文字、音位文字这三个文字类型发展。

(1)意音表词文字

两河流域的文字在苏美尔人的线形文字之后逐渐发生了变化，表音的声符逐渐增多且声符用于记录语音中的辅音，同时在词末的位置加上一个义符。

(2)辅音文字

腓尼基人在苏美尔、埃及两系文字的影响下创立了北闪米特字母。北闪米特字母一共有22个字母，字母对应语音中的单个辅音，没有代表元音的字母，并完全排除了义符、类符，形成纯辅音文字。

(3)音位文字

希腊人从腓尼基借来北闪米特字母记录自己的语言。希腊字母是在腓尼基字母的基础上增加元音字母，创制出具有元音和辅音字母的书写符号系统，产生深远的影响。

2. 引进汉文的他源文字系列

这一系列的他源文字从汉字中大量借词，或形音义全借，或借音改义，或借义改音，形成了本国的文字。

(1)日本在汉字的基础上创制了音节文字——假名，与汉字夹用。

(2)朝鲜和韩国在汉字和拼音文字的双重影响下创制音位化音节文字——谚文，取代汉字或与汉字夹用。

(3)越南早期曾用汉字记录越南语，后来根据汉字的造字法造出了一些形如汉字的喃字，与汉字夹用。1945 年独立后废除了汉字和喃字，采用拉丁字母创制了音位文字。

【名师点拨】拼音文字和意音文字的概念，考研真题中多以名词解释的形式出现。由于理论性较强，考生可结合例子加以把握。

(四)文字适应语言和文字的相对独立性

1. 文字适应语言

文字是在语言的基础上形成的，语言是第一性的，文字是第二性的。任何一种文字，都有适应自己语言结构特点和语音特点的内在发展动力。语言的特点制约着文字的特点。

2. 文字的相对独立性

文字和语言的区别是本质性的，记录语言的形体符号与语言之间没有必然的联系。不同的语言可以采用相同的文字形式，而同一语言也可以采用不同的文字形式。这说明了文字对于语言也有相对的独立性。

(五)汉字与汉语拼音

1. 汉字长期停留在意音文字阶段的原因

(1)汉语的语词以单音节占优势，没有形态变化，缺乏词缀等附加语素。这些特点有利于保持一音节一词根一形的书写体系。

(2)汉族的居住地区幅员辽阔，方言众多，有的甚至不能相互交流，这种语言上的障碍，可以借助统一的汉字来沟通。

(3)汉族的文化传统深厚悠久，大量的文献典籍都是用汉字记载，文字的改变容易割断与过去文化遗产的联系。

2. 汉字改革的不必要性

相较于拼音文字，汉字在记忆和书写上的难度更大，此外，汉字在印刷、电报、打字、检字、索引等方面使用起来也不方便。从 19 世纪末开始，我国就有人提出过各种方案，要求实现汉语书写的拼音化。

不过，经过语言、文字学家们的仔细考察和反复权衡，目前还看不到对汉字体系进行拼音化改革的需要：

(1)汉语的语素基本上是单音节的，汉字的语素－音节文字体系基本符合汉语的结构特点。汉语中的同音语素特别多，一旦实现拼音化，这些原来用字形来区别的不同语素就无法识别，势必会给语言文字的使用带来麻烦和混乱。

(2)汉字和拼音文字各有优缺点。从学习和使用的角度来看，拼音文字强于汉字，但是从跨越时空的角度来看，汉字又强于拼音文字。从文字的稳固性来看，汉字反而比拼音文字优越。

(3)以汉字为重要载体的汉族历史文化能否得到有效传承也是需要认真考虑的问题。

五、书面语

(一)口语和书面语

1. 书面语与口语的比较

书面语是在口语的基础上形成并发展起来的，即先有口语，后有书面语，口语和书面语中基本的语言成分(即基本的语汇和语法结构)在大多数情况下是相对一致的，但由于表达媒介的不同，两者也有很明显的区别。

(1)口语，语法随意，用词通俗，句子简短，结构松散，伴随有省略、重复、停顿等特征。交际双方可以根据音量、重音、语速等音质来传达不同的信息；同时，说话者还可以借助表情和手势等方式来对语言进行补充。

(2)书面语，是经过推敲、提炼、加工的，一般比口语更严密简洁，语汇更丰富，语法更规范。

2. 汉字中口语和书面语的特点

(1)从古到今汉语的口语语音处在不断的变化发展中，而汉字作为书面共同语却具有相对的稳定性，一定程度上可以贯通古今。

(2)从南到北汉语的口语语音存在各种方言形式，而汉字作为书面共同语有着统一的读音，一定程度上可以沟通南北。

(二)书面语的保守性和书面语的改革

1. 书面语的保守性

书面语在口语的基础上形成，因而和口语基本一致。由于语言经过一段相当长的时期后，变化和发展比较明显，而文字一经创建并确定后，具有相对的独立性和稳定性，加之文字受到统一的正字规则的约束，因此往往滞后于语言的发展。

2. 书面语的改革

书面语完全脱离口语是违背语言发展规律的反常现象。当人们感到文字体系不适应语言的发展时，便要进行文字改革。

【名师点拨】口语以声音为载体，书面语以文字为载体。考生需认清书面语是语言问题而不是文字问题。两者的关系多以简答题或论述题的形式出现在考研真题中。考生需重点掌握口语和书面语的不同特点。

(三)书面语的规范

1. 语言规范的任务

语言是不断发展的，经常产生一些新的成分和新的用法。为了语言的规范化，就需要根据语言发展的规律，在存在分歧或混乱的语言现象中，找出并确定大家都应遵循的规范，通过语言研究的著作如语法书、词典等明文规定下来，并通过宣传教育，推广那些合乎规范的语言现象，限制并逐渐淘汰那些不合规范的语言现象，使人们共同遵守语言规范而进行有效的交际，使语言循着一条统一的正确的道路向前发展。

2. 语言规范的对象

书面语是语言规范化的主要对象，因为书面语是经过加工、提炼和发展了的口语的书面形式，具有严谨规范的特点，可以对口语产生积极影响，对人们的语言实践具有指导作用。

3. 语言规范的原则

(1)约定俗成。不符合语言发展规律但使用已经非常广泛的语言现象，需要根据“约定俗成”原则加以肯定。

(2)及时剔除。不符合语言发展规律且使用不广泛的语言现象，需要被及时剔除。

(3)长期进行。语言是变化发展的，规范的标准也需要不断进行调整，语言规范是一项需要长期进行的工作。

6.2 考研真题与典型题详解

一、填空题

1. 表音文字根据代表的语言单位不同分为______文字和音位文字两类。[中国人民大学2011年研]

【答案】音节

【解析】用字母来表示语音的文字称为表音文字。由于字母所表示的语音单位不同，表音文字可分为音节文字和音位文字两类。音节文字的每个字母表示一个音节；音位文字的每个字母表示一个音位。

2. 文字的产生，从时间和空间上______了语言的交际功能。[北京语言大学2011年研]

【答案】扩展

【解析】文字在一定程度上解除了音波传递信息所受到的时空限制，使语言可以超越时空，传之久远，使相距遥远的人互通信息，使后人能学习前人积累的知识和经验。文字弥补了口头语言的时地局限，在时间和空间上扩展了语言的交际功能。

3. 汉字的造字方法有指事、______、会意和形声，汉字字形演变主要经历了甲骨文、金文、______、隶书、楷书五个阶段。[首都师范大学2011年研]

【答案】象形；篆书

【解析】汉字的造字法是指汉字的构造方式。古代汉字有指事、象形、会意、形声四种造字法。汉字在历史上出现过甲骨文、金文、篆书、隶书、楷书五种正式字体以及草书、行书等辅助字体。

4. 古代汉字的发展，是在表语素义的象形字、______字、______字的基础上发展出只表示音的假借字，之后大量运用______手段造字。[中山大学2012年研]

【答案】指事；会意；形声

【解析】象形字、指事字、会意字的字形也要表音，但它们的字形是先记录字义，然后通过形义一起表示汉语中的字词或语素音。古代汉字采用象形、指事、会意、形声的造字法来造字，但其中形声字的数量最多，形声这一造字法运用最为广泛。

二、判断题

1. 记事图画都不是独立的文字。[北京语言大学2011年研]

【答案】正确

【解析】记事图画只是帮助记忆、传达信息的手段，只能表示大致的意思，有很大的随意性，只有当事人才比较清楚所表述的内容，因此不是记录语言的书写；图形的组合排列，也没有和相关词语的语法顺序对应，所以记事图画不能算是记录语言的文字。

2. 汉字记录的语音单位相当于音节，所以汉字可视为音节文字。[中山大学2011年研]

【答案】错误

【解析】汉字属于表意体系文字。汉字大都代表语素，表示语素之义带有语素之音。它是用成千上万个符号去表示语素或词的意义，同时附带地表示语素的声音。

3. 大多数汉字是指事字。[首都师范大学2012年研]

【答案】错误

【解析】古代汉字有象形、指事、会意、形声四种主要的造字法。象形是用描绘事物的形状来表示字义；指事是用象征性符号或在象形字上加提示符号来表示字义；会意是用两个或几个部件合成一个字，把这些部件的意义合成新字的意义；形声则是由表示字义类属的部件和表示字音的部件组成新字。现代汉字大部分是形声字。

三、名词解释

1. 文字[北京师范大学2010年研]

答：文字是记录语言的书写符号系统，是最重要的辅助性交际工具。文字发展早期是图画形式，后来逐渐发展完善而分成各小类。从文字最小单位可以划分出表音文字和意音文字；从起源可以分为自源文字和他源文字。文字在人类历史上有着很重要的作用，它拓展了语言的功能，突破了语言在地域和时间上的局限，使人类文明得以传承和传播，书面语得以产生，从而促进了语言的发展。

2. 音位文字[北京大学2010年研]

答：音位文字是表音文字中的一种，是表音文字根据其所表示的语音单位的性质划分出的更小的类。音位文字的一个字母一般表示一个音位(音素)，既有表示辅音的字母，又有表示元音的字母，字母可以记录语言中所有的音位。例如，英文就是使用拉丁字母作为字符的音位文字。

3. 意音文字[中国传媒大学2010年研]

答：意音文字是一种既代表语素，又代表音节的文字系统。一般一个字就代表一个词(语素)。意音文字的字符既有表意符号，又有表音符号。提示读音的字符称为声符，提示意义的字符称为义符。例如，汉字就是典型的意音文字。

4. 辅音文字[西北大学2018年研]

答：辅音文字是指字符只表示语言中的辅音，元音没有专门的字符表示的文字。这种文字一般是一些比较古老的文字，如各种古闪米特文字(包括腓尼基文字)、古希伯来文字、阿拉伯文字等。使用辅音文字的语言，通常是由辅音框架表示语汇意义，加入不同的元音表示语法变化，辅音文字只记录辅音，不记录元音，不能准确完整地记录语言，所以除了已经消亡的文字以外，后来都被元音－辅音文字或音节文字所取代了。

四、简答题

1. 语言和文字有什么不同？[中国传媒大学2010年研]

相关试题：简述文字和语言的关系，以及文字对语言的影响。[中国人民大学2014年研]

答：语言和文字是人类交际工具的两种不同形式，两者有着很大的差异，主要反映在以下几点：

(1)历史长短不同

语言的历史和人类的起源历史一样久远，而文字的历史则相对短一些，语言是第一性，文字是第二性，文字在语言的基础上产生。

(2)普遍性不同

所有的人都会说话。但在苏美尔人创造文字之前，人们没有文字。即便是现代，仍然存在很多没有文字的民族，如几内亚；而且在有法定文字的社会，也有不少人不识字。

（3）习得的不同

所有的人都在一生中头两年里开始学说话，其中很多相关的能力可能是与生俱来的，而不是后天学习来的。一般来说，学习书写以学会说话的能力为基础。

（4）独立性不同

绝大多数能识字的人可以用言语和文字表达同样的意思，不过言语比文字表达得明确。

（5）可重复性不同

语言传达信息在时间和空间上都有其自身的局限，而书面语的产生则改变了语言的这一局限。在磁带录音发明以前，除了依赖不甚准确的记忆和文字手段之外，人们无法记录或者保存语言。记忆具有短暂性和不准确性，而文字则可以保存数千年。文字的永久性使得图书馆、历史、时间表、词典、菜单以及人们通常所称的“文明”成为可能。

（6）使用范围不同

书面语用于操纵政治经济权力、记录重要文献、传播教育，所有这些都使书面语附加上一种优越性。在有文字的社会中，人们往往渐渐把书面语当作重要的手段；而口语则作为人们日常使用的交际语，两者在不同的使用范围中发挥着各自的优势和作用。

（7）发展变化程度不同

语言无时无地不在发生变化，操这种口头语的人也许没有意识到这种变化。对于书面语来说，由于其永久性和标准性，使得书面语具有保守性，其变化缓慢，一定程度上还会造成文言脱节。

（8）可干预性不同

文字在发展过程中可以通过改革、借用、创造、替换等人为措施对其使用进行规范，但是语言的发展则是随着社会发展而自发演变的，是具有约束性的，不能人为地随意修改。

（9）作为交际工具的地位不同

语言是人类最重要的交际工具，而文字则是在语言基础上产生的，是最重要的辅助语言实现交际作用的工具。

总之，语言和文字是两个不同的系统，两者在很多方面有着具体的不同，共同发挥着作用。

2. 简述文字和字符的关系。［华中师范大学2012年研］

答：文字和字符的关系表现为：

（1）文字是记录语言的视觉符号系统

文字是以字符为元素构成的符号系统。文字的基本书写单位是字符，拼音文字的字符一般称为字母，一个字母是一个字符。例如，英语的字母、日语的假名，汉语的字符一般称为字，一个汉字也是一个字符。文字与字符的关系类似于语言与词的关系。

（2）字符能代表某种具体的语言单位

字符的主要特征是能代表某种具体的语言单位，包括音素（音位）、音节、语素、词等。除了字母和字以外，字符还包括一些特殊符号，例如，阿拉伯数字、科学符号、标音符号（如国际音标、汉语拼音、注音字母等）、标点符号等。广义的文字包括这些特殊符号，狭义的文字不包括这些特殊符号，只包括字母和字。

3. 有人说：“英语只有26个字母，简单易学，汉字却字形复杂，难学难认，所以说汉语是世界上最难的语言。”请发表你对此种说法的看法。［武汉大学2010年研］

答：认为汉语就是世界上最难学的语言，这种观点是片面的。汉字因其自身的特点，给来自拼音系统的学生的学习造成了很大的困难，这主要是因为：

(1)英语属于表音文字，用数目不多的符号表示有限的音素或音节，作为标记词语声音的字母。一定的音就用一定的字母表示，一定的字母表示一定的音。人们掌握了字母的发音和拼写规则，听到了一个生词的声音大体能写下来，看到了一个生词的形体能读出它所代表的语音。汉字和拼音文字各有优缺点。从学习和使用的角度来看，拼音文字强于汉字，但是从跨时空跨地域的角度来看，汉字又强于拼音文字。

(2)汉字是意音文字，造成汉字难记、难读、难认、难学这一缺点。原因在于，汉字不是用几十个字母记录语素、词中几十个音素和几百个音节，而是用成千上万个符号去表示语素或词的意义，同时附带地表示语素的声音。从稳定性的角度看，汉字作为意音文字记录了语言的读音和意义，使得语言能跨越古今、沟通南北。

总之，汉语是世界上历史悠久的、发展水平最高的语言之一。汉语在国内外都有很大的影响，具有很重要的地位。

4. 请举例说明汉字的特点。[北京师范大学2013年研]

相关试题：

(1)汉字的特点。[北京师范大学2010年研]

(2)说明现代汉字的特点。[中国传媒大学2011年研]

(3)汉字最终没有选择拉丁化道路的原因。[论述题，中山大学2014年研]

答：汉字的主要特点是它属于表意文字体系，这是汉字没有选择拉丁化道路的主要原因。总体而言，汉字的特点主要有：

(1)汉字具有一定程度的超时空性

几千年来，汉字字形和所记录的语素的意义变化不大。从古代汉语到现代汉语，语音面貌发生了很大的变化，但汉字的“形”基本稳定。汉字的超时空性对文化的传承起到了重要的作用。

(2)汉字具有超地域性

中国地域广阔，有七大方言区。不同方言区的人们在汉语的发音上具有一定的差异，但仍使用同一套书写系统——汉字。因此，来自不同方言区，尤其是差异较大的方言区(如北方方言和闽方言)的人们也能利用汉字进行书面语交流。

(3)汉字同音不同形，有分化同音词的作用

在汉语中有大量的同音词，在表达中将这些同音词都书写下来就可以分化同音词所带来的交际的误解。

(4)汉字是平面型的方块文字

汉字和英语等拼音文字不同，不是只有两向的线性特征，而是平面的，四面展开的方块状。

(5)汉字不实行分词连写

汉字是方块的独立字体，每个字之间都有明显的界线。与英语等拼音文字不同，汉字不需要分隔号来区分，也不会造成使用上的混乱。

(6)形体简单化

现代汉字是古代汉字经过简化后得到的，与古代繁体字相比，现代汉字除了具有文字的特点，还具有简单化的特点。

5．说明书面语的保守性。［南开大学 2011 年研］

答：书面语在口语的基础上形成，因而和口语基本一致。由于语言经过一段相当长的时期后，变化和发展比较明显，而文字一经创建并确定后，具有相对的独立性和稳定性，加之文字受到统一的正字规则的约束，因此往往滞后于语言的发展。书面语具有稳定性，可以突破时间和地域的局限而流传下来，是造成书面语保守性的主要原因。

口语的流动性与书面语之间的保守性之间的矛盾长期存在。

(1) 在空间跨度上，尽管各地方言迥异，口语大不相同，甚至可能使用不同的语言，但却可以使用相同的书面语言。

(2) 在时间跨度上，尽管口语会以数十或上百年为周期发生较大的演变，但书面语言在此期间却只有很小的变化。

(3) 在文化不发达的情况下，口语和书面语之间的分歧就会逐渐扩大，从而出现“言文脱节”的局面。中国、印度、阿拉伯国家、古代罗马都曾出现过这种情况。

总之，书面语具有保守性，会导致文言脱节的现象产生，但这种情况只有在文字的使用限于少数人，即多数人是文盲的条件下才能维持。在社会的文化水平提高之后，当人们感到文字体系不适应语言的发展时，便要进行文字改革，重新调整文字系统，使文字适应语言的发展等需要。

五、论述题

1．文字与其他文化现象有什么不同？谈谈文字的特点。［厦门大学 2013 年研］

答：文字与其他文化现象的不同之处在于它是用书写/视觉形式对语言进行再编码的符号系统。文字在语言的基础上产生。文字的书写规则和体系必须反映语言事实。语言有语音和语义两个方面，文字也必须反映语音和语义这两个方面，这两方面是属于语言系统的。此外，由于文字是书写符号，必须具备形体的一面，这是语言所没有的，是属于书写系统的。可以说，文字是语言和书写两个系统的结合，具有三个要素，即形体、语音和语义，简称为“形”“音”“义”。文字具有以下特点：

(1) 文字不只是记录语言，还能积极促进语言的发展。用文字写成的书面语是经过推敲、提炼、加工的，书面语一般比口语更严密简洁，语汇更丰富，语法更规范；另外，书面语在一定程度上可以消除或减少方言间的语音障碍，使口语不易沟通的方言通过书面语得以沟通，并且促进了民族语言的统一和规范，增强了语言的社会功能，扩大了语言的交际范围。

(2) 文字使人类文化得以积累。文字一经出现，便以其能超越时空限制、便于保存传播的独特作用大大地促进了社会的发展。人们利用文字，将生产知识、生活经验、科学创造等记录成文，传于异地，留于异时，可以使相距遥远的人互通信息，使后人能学习前人积累的知识和经验。人们可以从用文字著录的文化遗产中，了解过去的历史，总结自己的经验，开拓未来的生活等。一个民族在其发展过程中有了文字，便进入到发展更快的文明时期，利用文字创造出更辉煌的文化。

(3) 文字能促进思维的发展。人类大脑这个“加工厂”的材料来源就只能限于个人的直接经验和口耳相传的间接经验。因信息量有限，无法充分发挥大脑的潜力，促进大脑的进化。因此，仅有语言的人类只能应付一些生存所必需的事情。由文字体现的书面语正可以弥补口语的不足。文字使思维有了在两维空间中分布的形体表象，并且可以在时空中留存，方便通过视觉刺激来进行深层次思考。有了文字，古今中外的各种信息都可以进入大脑，促使它做出综合性的加工，这对于大脑的思维能力是一种良好的再训练，有利于不断地提高脑力的素质和潜力。人类的知识与思维能力从此进入了良性的互动和增长。

总之，文字的出现克服了语言的时空限制，促进了人类思维的发展，推动了人类文化的繁荣。

2. 清代学者陈禮说：“声不能传于异地，留于异时，于是乎书之为文字。文字者，所以为意与声之迹也。”试对这段话进行评述。［中山大学 2012 年研］

答：语言和文字的关系在材料的这段话中得到了体现，这段话也说明了文字是使用书写/视觉符号对语言的再编码而形成的一个形体符号系统，具体有以下几点：

(1)语言在信息传递中具有时间和空间上的局限性。在文字产生以前，语言主要是以口头语言作为信息传递的工具，由于声音的易逝性这一无法克服的缺点，在需要的基础上就产生了文字。文字是辅助语言进行交际的工具，是语言的拓展。

(2)文字在语言的基础上产生。文字的书写规则和体系必须反映语言事实。语言有语音和语义两个方面，文字也必须反映语音和语义这两个方面，这两方面是属于语言系统的。此外，由于文字是书写符号，必须具备形体的一面，这是语言所没有的，是属于书写系统的。可以说，文字是语言和书写两个系统的结合，具有三个要素，即形体、语音和语义，简称为“形”“音”“义”。

(3)语言是一种系统，文字也是一种系统。语言有语素、词、句子等大小不同的单位，单位与单位之间存在着组合规则和聚合规则；文字也有大小不同的各级形体单位，有文字单位的聚合规则和组合规则；同时，由于文字是记录语言的书写符号系统，所以文字单位在进行组合时所要遵循的组合规则与语言单位在进行组合时所要遵循的组合规则存在着成系统的对应关系。

(4)文字作为一个形体符号系统，是由大小不同的各级形体单元构成的。文字必然有一级单位与语言中音义结合体这一级单位相对应，这是所有语言的共性。比如，汉字中的“字”以一个方块的形体出现，几乎都对应于汉语中的音义结合体——语素。英文中的“单词”以前后空格的一串字母的形体出现，对应于英语的音义结合体——语素。

(5)与语言中的音义结合体相对应的那一级文字单位(字或单词)，一定还可以拆分为更小的形体单元。比如，英文的单词可拆分为字母，汉文的方块字可拆分为偏旁、部首。从这一层级看字符所对应的语言项，不同的文字的差异十分明显：英文的字符只与读音有关，与意义无关；而汉字字符则有的与语素的意义有关(被称为义符)，有的与语素的读音有关(被称为声符)。

3. 谈谈文字产生的原因以及为什么说文字是最重要的辅助性交际工具。［北京语言大学 2010 年研］

答：(1)文字产生的原因

文字是人类社会发展到一定阶段，由于社会交际的需要而产生的。社会的需要是文字产生的前提。人类的几种古老文字，如苏美尔人的线形字、古埃及的圣书字、中国的甲骨文，都创造于氏族社会末期或奴隶社会初期。各自独立产生的不同文字，都诞生在几乎相同的社会历史阶段，这说明一定的社会条件是文字起源的温床。在当时的社会条件下，人们感到只靠口头语言进行交际有很大的局限性。虽然在文字产生之前，人类已经运用图画等方式来记事，但是这些记事方式不能准确记录语言。随着社会的发展，组织社会生活、进行行政管理、记录大事、统计财物、祭祀占卜等，都需要准确地记录语言的文字。于是，在记事图画的基础上逐渐形成了文字。

(2)文字是最重要的辅助性交际工具原因

①文字是记录语言的书写符号系统，是最重要的辅助性交际工具。人类有了文字，就突破了语言在时间和空间上的限制，扩大了语言的交际功能。

②在语言的辅助性工具中，文字是最重要的。语言的其他辅助性工具都是在文字的基础上产生的，并且与其他交际工具例如旗语、标志等相比，文字也是最常用的辅助性交际工具。现代虽然有记录语言的录音机，有传播语言的通讯广播设备等，文字仍然是扩大语言交际功能的最重要、最简便、使用范围最广泛的工具。

4. 试论拼音文字与意音文字的区别及各自的短长。［中国传媒大学 2011 年研］

答：(1)拼音文字和意音文字的区别

拼音文字和意音文字是根据字符与所记录的语言的关系分出的两类文字系统，两者的区别如下：

①内涵不同

a. 拼音文字，又称表音文字，是书写符号所记录的语言单位或是音位，或是音节的一种文字系统。拼音文字的字符一般称为字母，一个字母一般代表一个语音单位：音位(音素)或音节。英文是典型的表音文字。

b. 意音文字，是书写符号所记录的语言单位既代表语素，又代表音节的一种文字系统。意音文字的字符既有表意符号，被称为“义符”，又有表音符号，被称为“声符”。汉字是典型的意音文字。

②分类不同

拼音文字还可以根据所表示的语音单位的性质分为更小的类。

a. 音位文字

有的字符表元音，有的字符表辅音，字符可以记录语言中所有的音位，如拉丁字母，英文就是使用拉丁字母作为字符的音位文字。

b. 辅音文字

字符只表示语言中的辅音，元音没有专门的字符表示。如阿拉伯文。

c. 音节文字

字符表示语言中的音节。如日本的假名。

与表音文字不同，意音文字则没有类似的小类。

由此可见，拼音文字和意音文字是从同一角度划分出的不同类型的两种文字系统，两者根据各自系统的需要发挥着不同的作用。

(2)拼音文字和意音文字各自的长短

①拼音文字

a. 优点

使用少量的符号胜任记录语言的任务，在数量上便于学习和使用，方便排序，具有客观可操作性。许多科学技术大都是使用表音文字的，这样使得表音文字易学、易用。目前已知的世界上的文字多属于表音文字。

b. 缺点

第一，拼音文字只能跟一时一地的语音挂钩，难以沟通方言，更无法贯穿古今。从语言的稳定性来说，表音文字体现了局限性。

第二，拼音文字只有表示提示语言符号音的字符，不和文字的意义相连，所以从文字表面不能领会到文字的意义。

②意音文字

a. 优点

第一，意音文字既有表意的形符，又有表音的声符，完整记录了语言。从文字的本身既能知道读音，又能理解含义，意义和读音结合较为紧密，便于识别。

第二，针对文字的稳定性而言，意音文字记录了语言的读音和意义，使得语言能跨时间，贯穿古今；跨地域，沟通方言间的联系，具有较强的稳定性。

b. 缺点

第一，意音文字不像拼音文字那样是用表音字母代表生词生字的声音，因而找不到读和写的规则，造成难记、难读、难认、难学的缺点。

第二，意音文字有表意义的字符，一般文字结构和写法比较复杂，在学习和使用过程中比表音文字难。

5. 在谈到繁简字问题时，有人提倡“恢复繁体字，停用简化字”，说说自己的看法。[武汉大学2010年研]

答：“恢复繁体字，停用简化字”的提法是错误的，主要是因为：

(1)汉字简化是汉字改革的重要内容

汉字改革工作经历了很长的、不断发展变化的过程。从清末至新中国成立，许多先驱者在文字制度变革和文字内部的整理、简化两方面都提出很多方案和建议，并为改革汉字进行了长期艰苦的奋斗。汉字简化是汉字改革工作的重要部分。

(2)使用简化字是中国文字法的规定

《中华人民共和国国家通用语言文字法》规定“推行规范汉字”。只有使用规范汉字，才能充分发挥汉字的交际功能，更好地为现代化建设事业服务。规范汉字是指国家有关部门发布的经过简化和整理的字表规定的现行汉字。跟规范汉字对立的是不规范汉字，包括两个内容：一个是不符合国家发布的汉字整理的字表规定的汉字，例如国家已经简化的繁体字，已经整理的异体字、旧字形等；另一个是写错或读错的错别字。

(3)汉字简化的意义

①笔划缩减，提高书写速度。

②结构简化，便于记忆。

③重新整合了偏旁部首，使读写更加一致，从而使汉字由象形文字变为纯粹的意音符号，在形声字和会意字中更明显。

④汉字的简化更有助于汉语自身的发展和其在国际上的推广。

所以提倡“恢复繁体字，停用简化字”的观点是错误的。

6. 试述书面语的特点及其与口语的关系。[武汉大学2011年研]

相关试题：以汉语为例谈谈书面语和口语的关系。[中国传媒大学2010年研]

答：(1)书面语的特点

①书面语是人们做文章所运用的语言，是写的语言和看的语言。

②书面语可以克服口语的不足，把人们的思想记录下来，“传于异地，留于异时”。人们的知识和经验能够更好地保存下来，传播开去。这对人类社会政治经济和科学文化的发展有着特别重要的意义。

③在书面语交际中，交际的双方不再处于同一时间、同一地点当中，他们之间的联系被切断了，交际活动往往由一方在一时一地单独进行，再由另一方在异时异地继续下去。这要求作者把事情交代得完整些，把话讲得更清楚些。在写的过程中，作者有足够的时间来反复推敲，可以也必须把文章写得更精炼些。书面语在表现形式上往往是短句少长句多，省略句少完全句多，偶发词少连贯性强。

④书面语比较保守，在一定的历史条件下书面语会落后于口语的发展。

(2)书面语和口语的关系

①联系

口语是第一性的，文字是第二性。书面语是经过加工、提炼和发展了的口语的书面形式。口语和书面语中基本的语言成分，也就是基本的语汇和语法结构，在大多数情况下是基本一致的。

②区别

a. 用途不同

第一，口语是听的

口语的语法随意，用词通俗，句子简短，结构松散，同时伴随有省略、重复、停顿等特征。交际双方可以根据音量、重音、语速等音质来传达不同的信息；同时，说话者还可以借助表情和手势等方式来对语言进行补充。

第二，书面语是看的

书面语一般比口语更严密简洁，语汇更丰富，语法更规范。书面语摆脱了时间和空间的限制，不依赖于手势、音质等副语言，因此独立性会更高，同时由于作者有足够的时间进行构思修改，书面语会更加准确、严密和完整。

b. 书面语是口语的加工形式

书面语产生于笔头，也可以见于口头，如新闻广播就是书面语的口头形式；用书面语说话是书面语被用于口语的另一种表现，人们把这种说话称呼为“掉书袋”“文绉绉”“学生腔”等。反过来，书面语有时候也需要使用口语，口语化是通俗读物的一个重要要求，剧本和小说的人物对话就需要依靠口语描写，尽可能记录原话也是法庭上的供词、证言的重要要求。

c. 发展速度不同

书面语在口语的基础上形成，因而最初是和口语基本保持一致的，但由于语言随着时间的推移会有较大的变化，而文字一经创建并确定后，具有相对的独立性和稳定性，加之文字受到统一的正字规则的约束，因此往往滞后于语言的发展。书面语具有稳定性，可以突破时间和地域的局限而流传后世，沟通南北。

第7章　语言演变与语言分化

7.1　复习笔记

一、语言演变的原因和特点

(一)社会、人际交流是语言演变的基本条件

1．社会对语言演变的影响

(1)人类社会的进步推动语言的发展。随着人类社会这种由低级向高级的发展，新的事物、现象、观念就会不断地出现，这就要求语言产生新词；相反，随着一些旧的事物、现象、观念的逐渐消失，有些词也会被淘汰。

(2)人类社会的分化推动语言的发展。人类社会的分化包括在地域上的分化和在社会特征上的分化，这两种分化都造成语言的发展变化。

(3)人类社会的统一也会推动语言的发展。原来不很统一的社会或彼此独立的社会统一之后，原来不同的语言或方言之间的分歧就会影响人们在全社会范围内的交际，于是，人们需要有一种能在全社会范围内使用的共同的交际工具。共同语就是适应这种需要而产生的。

2．人际交流对语言演变的影响

人际交流是造成语言发展的重要因素。人类社会，包括不同的氏族、部落、部族、民族之间的接触交往，必然造成语言的接触。

(1)语言接触对语言的语音、词汇、语法各个层面都可能产生影响，最先出现的是借词，随着借词也可能借音，随着语言接触程度的加深还可能吸收别种语言的语法规则甚至形态。

(2)不同语言的接触不仅可以出现语言要素、规则的借用，还可能改变原有的语言成分或规则，以至改变语言的结构类型，甚至还可使有的语言被弃用，或出现由两种语言混合而成的混合语。

(二)语言中各种因素的相互影响和语言的演变

1．影响因素

社会的发展为语言的发展提供了客观条件，而语言系统自身则决定了哪些语言事实要发展，语言事实向什么方向发展、采取什么方式发展。

2．语言系统内部的演变

语言系统的各个组成部分之间以及每一个组成部分内部的各个成分之间，都处于互相联系、互相制约的关系之中，相互之间保持着平衡的状态以发挥交际作用。如果其中某个部分在外部因素的作用下发生了变化，语言的其他部分就会相应地发生变化，重新调整相互之间的关系。

(三)语言演变的特点

1．渐变性

(1)交际要求语言保持稳定的状态，不允许它一下子发生大的变化。

(2)社会的发展又需要语言随着它而发生变化，否则就难以满足人们的交际需要。

(3)这两种方向相反的力量斗争的结果使语言只能是渐变的，除了新词的产生之外，语言其他方面的变化都是非常缓慢的，如语音、词义、语法的变化等。

2. 不平衡性

语言系统的各个子系统与社会发展的联系有很大的不同。词汇对社会发展和交际需求的反应最灵敏，变化比较快。相比之下，语音和语法就稳定得多。它们的变化速度是不平衡的；同时，在词汇、语音的内部，不同方面的变化速度也是不平衡的。

3. 语言演变特点的内部体现

表 7－1　语言演变特点的内部体现

<table>
<tr><th>要点</th><th colspan="2">具体内容</th></tr>
<tr><td>总的特征</td><td colspan="2">①不同时期的语言发展变化不平衡。语言的发展变化的速度和幅度与社会的发展变化的速度和幅度密切相关。社会变化中频繁的战乱、大规模的文化交流和社会制度的巨大变革，对语言的发展变化影响较大。
②不同地区的语言发展变化不平衡。语言在不同的地域的发展速度和发展方向不一样，同一种语言现象，在有的地区发生变化，在有的地区不发生变化，并且发生变化的形式也不尽相同</td></tr>
<tr><td rowspan="3">具体特征</td><td>语音方面</td><td>①受到演变音自身或其他相邻音的限制，通常像波浪一样从一个中心向外扩展，而且扩展有地域的限制。
②语音子系统音位及其聚合格局相对稳固，变化很慢，但音值的变化要相对快一些</td></tr>
<tr><td>词汇方面</td><td>①社会生活中新事物的产生、旧事物的消失、人们观念的改变、单纯为求新而换个新鲜说法等都会导致词汇的变化，表现为旧词的消亡、新词的产生和词义的发展。
②用来构造新词的语素和规则都是语言中现成的，所以大量新词的产生不会影响人们对新词的理解和使用</td></tr>
<tr><td>语法方面</td><td>①词法的发展主要表现在语法范畴、构词法、构形法和词类等的发展变化上。
②句法的发展主要表现在语序变化(宾语、状语、定语位置)和句式变化(动结式、“把”字句、“被”字句)两个方面</td></tr>
</table>

【名师点拨】语言演变是本章非常重要的知识点，在各校考研真题中多以论述题或简答题的形式出现，重复率较高。考生应重点记忆语言演变的原因和特点。

二、语言的分化

语言的分化是指一种语言分化为不同的变体，或一种语言分化为几种不同的语言。语言是随社会的分化而分化的。社会的社群分化会导致语言的社群分化，形成社会方言；社会的地域分化会导致语言的地域分化，形成地域方言，地域方言的进一步分化就形成了亲属语言。

(一)语言随着社会的分化而分化

社会的分化会影响到语言的发展变化，不同的社会分化方式反映到语言中有如下几种情况：

1. 社会方言

社会方言是由社会群体的不同特点而形成的语言变体。它是由不同的职业、社会地位、政治信仰、受教育程度等因素或由这些因素构成的社区交际习惯所形成的语言差异。

2. 地域方言

地域方言是全民语言在不同地域上的分支，它经历了许多时代逐渐形成，是社会在地理上分化的结果。地域方言的分歧主要表现在语音上，词汇的差别次之，语法上的差别最小。

3．亲属语言

亲属语言是从同一种语言在社会完全分化、说话人认同为不同语言的条件下分化出来的几种独立的语言，它们在语音、词汇、语法上有一定的共同特点和对应关系。语系、语族、语支都是根据语言的“亲属关系”建立的。如汉语和藏语、壮语、苗语，它们同出一源，是亲属语言。

(二)社会方言

1．社会方言的特点

社会方言的区别主要体现在词汇使用上的差异。说话人由于职业、性别、年龄、社会阶层以及文化程度等社会特征的不同，在语言交际中习惯使用特殊的词语来满足表达的需要。

2．语言社会变体的分类

(1)行业变体

不同职业的人在言语表达上的差别主要表现在行话上，行话又叫“行业语”，是同一个职业或行业内部专门使用的词汇。

(2)年龄变体

年龄对语言表达的影响主要表现在词汇和语音上，在语法上的表现比较小。在有些地方，老年人使用的一些词语青年人已经不用，而年轻人使用的一些词语老年人也不用。

(3)性别变体

性别对语言表达的影响在语音、词汇、语法上都有表现。如汉语北京话中有所谓的“女国音”现象，又如在蒙古语喀尔喀方言达尔哈特土语中，女性发的元音比男性更靠前。

(三)地域方言

1．地域方言的特点

地域方言的变异主要表现在语音和一般词汇方面。语音方面表现为不同的发音规则和独特的发音方式，词汇方面主要表现为同一意义用不同词语表示。地域方言在语法上变异较小，主要表现在词序、虚词等方面。

2．方言的划分

地域方言内部可能产生再变异，产生低一层次的地域方言，一般称之为次方言。有的地域方言更复杂，依据差异情况，还可再分出第三层次的方言，可称为土语。

3．区分方言和语言

(1)社会因素

社会是否完全分化，是否有共同的文字和书面语。

(2)语言认同的心理因素

语言既是人类最重要的交际工具，也是人类最重要的思维工具。语言在交际和思维的过程中，会受到使用语言的人是否产生心理认同的影响。

4．汉语方言

(1)汉语方言的分区

汉语可分为七大方言：北方方言、粤方言、吴方言、赣方言、湘方言、闽方言、客家方言。

也有人将闽方言再分为闽南方言和闽北方言，还有学者单独分出晋方言。

(2)方言间的差异

①在语音方面，部分方言保留了普通话中没有的入声系统和浊声母。

②在词汇方面，主要表现为同一意义用不同词语表示。

【名师点拨】社会方言、地域方言、亲属语言是同一社会分化的结果，差别在于社会分化的方面或分化的程度不同。三者之间存在着一定的关系，考生需识记三者形成的过程，并结合实例明确三者之间的区别。其相关内容频繁出现在历年考研真题中，须重点掌握。

（四）亲属语言和语言的谱系分类

1. 亲属语言

亲属语言是由同一个祖语（母语）分化出来的语言，具有共同来源的亲属语言称为“子语”，它们所从分化出来的语言称为“母语”。

2. 语系的形成是一种语言长期地、不断地分化的结果

祖语分化为不同的语族；一个语族又分化为不同的语支乃至语群；一个语支或语群再分化为不同的语言。

3. 语言的谱系分类

谱系分类是根据语言之间有无共同的来源而对语言进行的分类。凡是有共同来源的语言组成一个大类，即语系，同一个语系之内再按照语言来源关系的远近依次分为若干语族、语支，如果有必要语支还可再分为若干语群。判断有无亲属关系的标准是看语言之间在语音、语法、词汇等方面有无成系列对应的同源成分。

【名师点拨】“语言谱系分类”是本章难点之一，考生应重点掌握，并结合第4章的第五个知识点“语言的结构类型”进行对比分析，本考点常以论述题的形式出现。

7.2　考研真题与典型题详解

一、填空题

1. 语言发展有两个特点，一个是______，另一个是______。［中山大学2012年研］

【答案】渐变性；不平衡性

【解析】渐变性和不平衡性是语言演变的两大特点。交际要求语言保持稳定的状态，不允许它一下子发生大的变化，而语言系统的各个子系统内部的发展也不均衡，这就决定了语言演变是渐变的和不平衡的。

2. 语言发展变化的基本条件是______。［中山大学2011年研］

【答案】社会和交际

【解析】语言是社会的交际工具，因此语言的演变与社会的变化、人们的交际息息相关。随着社会的发展，新事物，新概念层出不穷，人们的思维也愈来愈细致缜密，这些都会向交际提出新的要求，从而推动语言不断丰富词汇，改进语法，以适应社会和交际的需要。基于这些原因，我们说社会和交际是语言演变的最基本的条件。

3. 语言的发展中，词汇的变化速度最快，______次之，而语法的演变最为缓慢。［中山大学2010年研］

【答案】语音

【解析】语言的发展具有不平衡性的特点。词汇与社会发展联系最为紧密，发展变化最快；而语音演变要受到演变音自身或其他相邻音的限制，变化速度较慢；语言中的语法系统最为稳固，发展变化的速度最为缓慢。

4. 我国的语言除了汉语外，还有很多民族语言，分属不同的语系。例如藏语属______

语系的______语族，壮语属于______语族，苗语、瑶语属于______语族；维吾尔语、蒙语属______语系；台湾原住民的阿美语，布农语属______语系。[中山大学 2012 年研]

【答案】汉藏；藏缅；侗台；苗瑶；阿尔泰；南岛

【解析】我国各民族语言所属的语系可以分为五类，分别是汉藏语系、阿尔泰语系、南亚语系、南岛语系和印欧语系，此外还有朝鲜语和京语所属语系不明。我国境内属于汉藏语系的语言最多，除汉语外，属藏缅语族的有藏语、彝语、景颇语、羌语、纳西语等；属侗台语族的有壮语、布依语、傣语、侗语等；属苗瑶语族的有苗语、瑶语等；属突厥语族的有维吾尔语、哈萨克语、乌兹别克语、塔塔尔语等；属蒙古语族的有蒙古语、东乡语、保安语等；属南岛语系的有阿美语、排湾语、布农语、邵语、邹语等十几种语言。

5．就语言的形态类型来看，汉语属于______，西班牙语属于______。[首都师范大学 2012 年研]

【答案】孤立语；屈折语

【解析】孤立语对词序严格；虚词十分重要；复合词多，派生词少；语法意义主要靠词序和虚词表示，如汉语、苗语、藏语、越南语等。屈折语是通过各种屈折方式表示语法意义，有比较丰富的词形变化，通过词形变化来表示词与词之间的关系；一种词形变化的语素可以表示几种不同的语法的意义；词尾和词干或者词根结合十分紧密，脱离开词尾，句子中词根就不能独立存在。如印欧语系各语言和阿拉伯语。

二、判断题

1．语言不会随着社会的分化而分化。而在社会统一的时候，统一是语言发展的总趋势。[中山大学 2010 年研]

【答案】错误

【解析】语言只要在社会中使用，就会不断地缓慢地变化。在统一的社会中，人们也会由于职业、性别、年龄、社会阶层以及文化程度等社会特征的不同而分化为不同的社会群体，在使用语言上产生差异。

2．社会方言在语音词汇语法方面存在特点。[北京语言大学 2011 年研]

【答案】正确

【解析】社会方言受分化的社会团体影响，在词汇、语音和语法的使用方面都会产生不同，但最大的区别主要体现在词汇使用上的差异。

三、选择题

1．不属于语言分化现象的是(　　)。[首都师范大学 2012 年研]

A．社会方言　　B．地域方言　　C．亲属语言　　D．民族语言

【答案】D

【解析】社会的分化会影响到语言的发展变化，不同的社会分化方式反映到语言中有三种情况，即社会方言、地域方言和亲属语言。社会方言是由社会群体的不同特点而形成的语言变体。地域方言是全民语言在不同地域上的分支。亲属语言是有同源关系的几种独立语言。

2．(多选)下列各种话(腔)中属于社会方言的有(　　)。[中山大学 2011 年研]

A．黑话　　B．行话　　C．广州话　　D．粤语

E．官腔

【答案】ABE

【解析】社会方言是由社会群体的不同特点而形成的语言变体。它是由不同的职业、社会地位、政治信仰、受教育程度等因素或由这些因素构成的社群交际习惯所形成的语言差异。黑话是一种特殊的社会方言；行话是不同行业由于工作的需要而形成各自的一些特殊用语，属于社会方言；“官腔”是对某一言语社团在语言表达上的一些共同特点的概括，也是一种社会方言。CD 两项，是全民语言在不同地域上的分支，属于地域方言。

四、名词解释

1. 社会方言[河南大学 2024 年研；中国传媒大学 2015 年研]

答：社会方言是在全民语言基础上产生的各有自己特点的语言分支或语言变体，是社会内部不同年龄、性别、职业、阶级、阶层的人们在语言使用上表现出来的一些变异，是言语社团的一种标志。社会方言就是指这些言语社团使用的内部语言。社会方言的区别主要体现在词汇使用上的差异。说话人由于社会特征的不同，在语言交际中习惯使用特殊的词语来满足表达的需要，主要分为行业变体、年龄变体、性别变体等。行业变体是同一个职业或行业内部专门使用的词汇；年龄变体则是不同年龄段的人在语言使用上的习惯差异；性别变体更多体现在男女发音特征与词汇选择上。

2. 亲属语言[陕西师范大学 2023 年研；上海师范大学 2019 年研；中山大学 2011 年研；南开大学 2011 年研；中国传媒大学 2010 年研]

答：亲属语言是指从同一种语言分化出来，处于完全分化的社会条件下的，且使用者认同为不同语言的几种独立的语言。亲属语言在语音、词汇、语法上有一定的共同特点和对应关系。亲属语言由同一个祖语分化出来，具有共同来源的亲属语言称为“子语”，它们从中分化出来的语言称为“母语”。祖语分化为不同的语族；一个语族又分化为不同的语支乃至语群；一个语支或语群再分化为不同的语言。例如，汉语和藏语、壮语、苗语，它们同出一源，就是亲属语言。

3. 语言的社会变体[中国传媒大学 2010 年研]

答：语言的社会变体是指社会方言。社会方言是在全民语言基础上产生的有各自特点的语言分支，是言语社团的一种标志。社会方言的特点主要表现在用词方面。社会中的人群由于年龄、性别、职业、阶层、阶级的不同而分化为不同的社团，在每个社团的内部人们之间的相互联系较为密切，交际较为频繁，而不同社团间的交际相对稀疏，从而不同言语社团内部形成了区别于其他社团的独特的语言特点。

4. 汉藏语系[中山大学 2010 年研]

答：汉藏语系是世界上各种语言按其亲属关系大致分出来的若干语系之一。汉藏语系是用汉语和藏语的名称概括与其有亲属关系的语系，中国为该语系语言使用人数最多的国家。汉藏语系包含汉语语族、藏缅语族、苗瑶语族以及壮侗语族，共计约 400 种语言，主要分布在中国和东南亚一些国家。汉藏语系中各语言的一些类型学的特点有：很多是孤立语；有声调；单音节词根占多数；有量词；以虚词和语序作为表达语法意义的主要手段。

5. 谱系分类[北京外国语大学 2017 年研；首都师范大学 2013 年研；北京语言大学 2010 年研]

答：谱系分类是根据语言之间有无共同的来源而对语言进行的分类。凡是有共同来源的语言组成一个大类，即语系，同一个语系之内再按照语言来源关系的远近依次分为若干语族、语支，如果有必要，语支还可再分为若干语群。判断有无亲属关系的标准是看语言之间在语音、语法、词汇等方面有无成系列对应的同源成分。

6．地域方言［河南大学2023年研；西北大学2018年研；中国传媒大学2016年研］

答：地域方言，简称方言，是同一种语言由于语音、词汇、语法等方面的差异而在不同地域形成的地域分支或变体。方言是某个社会内某一地区的人们所使用的，有它自己的特点。它在方言区内部具有全民性，是这个地区内人们交际和思维的工具。方言是由于社会的不完全分化和语言的发展演变共同作用的结果。

五、分析题

根据下列古代汉语、现代汉语、方言和英语语料回答问题：

①季公富于周公。

②他比我富有。

③我勇汝。

④He is richer than me.

(1)比较句有哪些要素？

(2)现代汉语、古代汉语、方言和英语比较句有哪些不同？

(3)这种不同反映了语言发展的什么特点？［北京师范大学2013年研］

答：(1)比较句的要素包括：比较主体、比较客体、比较点、比较词和比较值等。

(2)①从比较句要素的隐现情况看，比较主体、比较客体和比较点一定出现；而比较词和比较值在有的语言或方言中并不出现。如方言中没有比较词。

②古代汉语和英语比较句句式是"比较主体＋比较点＋比较词＋比较客体"；现代汉语比较句句式为"比较主体＋比较词＋比较客体＋比较点"；而在方言中，句式是"比较主体＋比较点＋比较客体"。

③汉语主要是通过比较点和比较词表达比较概念，而英语主要依靠形容词或副词的比较级、最高级表达比较概念。

(3)反映了语言发展的渐变性和不平衡性。从古代汉语到现代汉语，表达比较概念时比较主体、比较客体、比较点、比较词都会出现，这表明语言发展是渐变的；但同古代汉语相比，现代汉语比较句的比较点移到了比较客体的后面，而方言中却只是隐去了比较词，表明语言发展是不平衡的。

六、简答题

1．什么叫语言发展的不平衡性？请举例说明。［中国传媒大学2012年研］

相关试题：如何理解语言发展的不平衡性？［论述题，中南大学2010年研］

答：语言系统的各个子系统与社会发展的联系有很大的不同。词汇对社会发展和交际需求的反应最灵敏，变化比较快。相比之下，语音和语法就稳定得多。不平衡性是语言发展的一大特点，主要表现在以下方面：

(1)语言系统的各子系统的发展变化是不平衡的

①词汇的发展变化较快。社会发展与词汇密切相关，为了满足语言交际的需要，词汇会随着社会现象的变化不断更新。例如，随着人类登月计划的实现，英语中就有"deep space"(外层空间)、"moonwalk"(月面行走)等新词。

②语音的发展变化较慢。在一种语言中，语音的基本数量有限且组合排列灵活丰富，可以满足语言交际的需要。语音演变要受到演变音自身或其他相邻音的限制，并且语音演变通

常像波浪一样从一个中心向外扩展，而且扩展有地域的限制。

③语法的发展变化最慢。日常生活中创造的新词汇多使用旧有的造词规则，句法的发展主要表现在语序变化（宾语、状语、定语位置）和句式变化（动结式、“把”字句、“被”字句）两个方面。

（2）语言各子系统的各要素之间发展也是不平衡的

①北京话的辅音音位/k/、/ts/两组音在与韵母组合的时候只有开、合二呼，而那是因为/tɕ/组是从/k/、/ts/两组变来的：开、合二呼前的/k/、/ts/保持不变，齐、撮二呼前的/k/、/ts/变成了/tɕ/，这是辅音声母在不同介音之前的变化的不平衡，是演变不平衡性在语音子系统内部的具体体现。

②词汇内部的子系统的发展速度也是不平衡的。词汇中表示交际中基本概念的基本词汇是不容易发生变动的，如“天、地、人、手”等词。而一般词汇则是变化较快的，随着社会的快速发展而不断演化。

③语言系统中的不规则现象，某些惯用法是古汉语保留在今天语言系统中的历史层积，是语法演变不平衡性的见证。

（3）同一语言现象的变化速度、变化方向，在不同的地区常常不一样，于是形成了地域方言和亲属语言。例如，同样在/i/、/y/前的/k/、/ts/，在北京变成/tɕ/，在广州却保持/k/、/ts/不变，在苏州则是/k/变成/tɕ/，而/ts/不变（/ts/后的撮口呼变齐齿呼）。

（4）同一语言现象在不同言语社团的变化方向也不一样，于是形成了社会方言。

2. 语言发展演变的特点以及原因。［北京语言大学2010年研］

相关试题：

（1）语言发展变化所呈现出来的共同特点是什么？［中国传媒大学2010年研］

（2）以古今汉语为例，说明语言发展的基本规律及其特点。［论述题，中国传媒大学2011年研］

（3）简述语言发展的规律。［华中师范大学2019年研］

答：（1）语言发展演变的特点

参见本章复习笔记。

（2）语言发展演变的原因

语言演变发展是在一定的原因和条件下进行的，主要表现在以下几个方面：

①社会对语言演变的影响

人类社会的进步推动语言的发展。随着人类社会由低级向高级的发展，新的事物、现象、观念就会不断地出现，这就要求语言产生新词。人类社会的统一和分化也会推动语言的发展，使语言产生新的特征。

②人际交流对语言演变的影响

人际交流是造成语言发展的重要因素。人类社会，包括不同的氏族、部落、部族、民族之间的接触交往，必然造成语言的接触。语言接触对语言的语音、词汇、语法各个层面都可能产生影响。

③语言中各种因素的相互影响

语言系统的各个组成部分之间以及每一个组成部分内部的各个成分之间，都处于互相联系、互相制约的关系之中，相互之间保持着平衡的状态以发挥交际作用。如果其中某个部分在外部因素的作用下发生了变化，语言的其他部分就会相应地发生变化，重新调整相互之间的关系。

七、论述题

1. 根据例子简要说明语言随社会发展而发展。[中国人民大学 2011 年研]

答：语言是人类最重要的交际工具，是一种社会现象，它的存在就是为社会服务。因此，语言不只是随着社会的产生而产生，而且必然地要随着社会的发展而发展。主要表现在以下几个方面：

(1)社会的进步推动语言的进步

从原始社会发展到资本主义社会、社会主义社会、最后到共产主义社会，社会的经济、政治、文化等方面都在不断进步。这种情形对于语言的发展起着巨大的推动作用。例如，社会的进步对语言词汇的发展影响很大。汉语中"年""秋"这两个词，是上古时代我国进入农业社会以后才产生的，它们本来的意义都与农作物或植物有关。

(2)社会的分化统一推动语言的分化和统一

社会在发展的过程中，常常出现分化和统一的现象。社会的分化常常引起语言的分化，社会的统一总是要求语言的统一。例如，一个完全统一的社会，可以由于某种原因而分化为若干半独立的区域，各区域间的人们虽然仍旧彼此往来，却往来得不频繁。时间久了，原来统一的语言在不同的地区上就会出现一些差别，形成虽未分裂但却各有特点的语言分支——方言。

(3)社会接触会引起语言的接触

在人类社会的发展过程中，各个社会间免不了要互相接触、互相影响。例如，汉语就给日语、朝鲜语、越南语、侗语、苗语等语言很大的影响，这些语言中都有大量的词借自汉语。

(4)社会发展下所引起的思维演变会促进语言的发展

社会推动思维的发展，而思维的发展又给语言以一定的影响。在各种社会现象里，思维和语言的关系特别密切，它的发展对语言发展的影响也比较大。思维是随着人类的生产斗争和阶级斗争而逐渐发展起来的，因此，思维对语言的影响也就是社会对语言的间接影响。例如，在我国殷代的甲骨卜辞里，人称代词还不完备，数词中还没有基数和序数的分别，介词和连词非常少，在句子中一般是单句，复句少见。在复句中一般是并列句，主从句少见。然而，随着社会的不断发展，物质世界不断丰富，文化水平的不断提高，人类的思维也不断发展，彼此之间信息的传递也越来越复杂，理应需要更为复杂的交际工具。语言当中新的词类、句式也就应运而生。

总之，语言会随着社会的发展而发展。

2. 论述语言分化的原因，并分析社会方言和地域方言的联系和区别。[中南大学 2011 年研]

相关试题：

(1)社会方言和地域方言[辨析题，武汉大学 2010 年研]

(2)社会方言和地域方言的根本区别是什么？两者之间有联系吗？为什么？[简答题，武汉大学 2011 年研]

(3)比较社会方言和地域方言的异同。[简答题，北京语言大学 2011 年研]

答：(1)语言分化的原因

语言只要在社会中使用，就会不断地缓慢地变化。同一社会的人，由于生产条件、生活方式、性别、年龄、职业、信仰、文化水平等的不同，便会形成各种各样的小社团。为满足小社团的交际需要，这些小社团会自然地或人为地出现一些不同于共同语的特殊语言成分，从而出现语言分化。

(2)社会方言和地域方言的联系和区别

方言可以分为社会方言和地域方言。社会方言是统一地域的社会成员因在职业、阶层、年龄、性别、文化教养等方面的社会差异而形成不同的社会变体。地域方言是全民语言在不同地域上的分支，它经历了许多时代逐渐形成，是社会在地理上分化的结果。地域方言和社会方言的联系和区别可以从以下几个方面来考察：

①联系

a. 都是语言不完全分化的结果，是语言发展不平衡的体现。

b. 都没有全民性特点，社会方言通行于某个阶层，地域方言通行于某个地域；当然，就地域而言，地域方言在一定范围内是有一定的全民性的。

c. 都要使用全民语言的材料构成，使用的基本材料有共同的语言基础。

②区别

a. 范围不同

社会方言是适应社会分工需要而产生的全民语言的分支，是全民语言的社会变体；而地域方言则是全民语言在不同地域上所产生的全民语言的分支，是语言发展不平衡性在地域上的反映。

b. 内部差异不同

社会方言的主要差别在一般词汇方面，语音、语法方面差别比较小；而地域方言之间的主要差别表现在语音上，同时也反映在词汇系统和语法系统方面。

c. 发展趋势不同

社会方言没有自己的基本词汇、语音系统、语法结构，在任何条件下都不可能发展成为独立的语言；而地域方言在一定条件下可以发展为独立的语言，或在社会高度统一融合情况下可能消失。

3. 从语言变体与社会特征、社会群体相联系的角度，论述语言是如何随着社会的分化而分化的。［中山大学2010年研］

答：语言只要在社会中使用，就会不断地缓慢地变化。社会分化的程度不同，所形成的语言变体也有不同的特征。根据社会分化的不同程度，语言分化为以下三种语言变体：

(1)社会内部的分化产生社会方言

社会中的人群由于性别、年龄、宗教信仰、社会分工等的不同而分为不同的言语社团。在一个社团内部，成员之间有共同的特点，相互联系密切，交际频繁，因而在语言的使用上形成了一些不同于其他社团的特点。这样，各种言语社团就在全民语言的基础上产生有各自特点的语言分支或语言变体，这种变体就是社会方言。

(2)社会未完全分化的地域产生地域方言

如果一个经济不发达的原本统一的社会，随着人口的不断增加，疆域的日益扩大，经济上、政治上都不能保持统一的局面，就会在地域上形成不完全的分化，各个地区处于半独立状态，不同地区之间人们的联系很不密切。这时候，在一个地区中出现的新的语言成分或新的语言变化，一般不大容易传播到其他地区中去。这样，各地区使用的本来相同的语言，其共同点就会不断减少，不同点会不断增加，逐渐形成各地区语言的相对独立发展的道路；经过相当长的时间，本来相同的语言就在各个地区形成了分支或变体，这种变体就是地域方言。

(3)社会完全分化的独立区域产生亲属语言

方言形成以后，如果社会仍然处于不充分统一或分化状态，它就一面保持自己的特点，作为某个方言区共同的交际工具，另一方面又要服从自己所从属语言的发展趋势，继续作为该语言的方言。如几千年来处于奴隶、封建社会中的汉语就是这样的状态。如果不充分统一的社会继续分化，最终分化为若干独立的社会，原来形成的地域方言的差别就会继续扩大，走上独立发展的道路，成为独立的语言，这些从同一种语言中分化出来的若干独立的语言就是亲属语言。

第8章 语言的接触

8.1 复习笔记

一、社会接触与语言接触

1. 社会接触

不同社会在经历由低级到高级、由简单到复杂、由落后到先进的发展中，相互作用、相互接触，也引起了其所使用语言的接触与演变。社会接触有接触方式和接触深度的不同，与之相应，语言的接触也出现各种不同的结果。

2. 语言接触

根据接触的不同结果，把语言接触分为五种类型：

(1)不成系统的词汇借用。

(2)语言(区域)联盟与系统感染。

(3)语言替换与底层遗留。

(4)通用书面语、民族共同语进入方言或民族语的层次。

(5)"洋泾浜"和混合语。

二、不成系统的词汇借用

(一)借词

1. 借词的定义

借词，又称外来词，是指音与义都借自外族语或外方言的词。借词和意译词不同，意译词是指词的意义是外族语言的，但是构词材料与构词规则是本族语言的，由此创造出新词，表达外来事物。

2. 借词的类型

表8-1 借词类型和示例

类型	特点	示例
纯音译	用汉语近似音节转写外来词读音	copy(拷贝)、jeep(吉普)
音译兼意译	在音译的同时，又选用与原词意义相关的汉语语素意译	cool-酷、shock-休克
音译加意译	音译加注汉语语素	card-卡片、beer-啤酒
部分音译部分意译	根据词内部构成成分，一部分用音译，一部分用意译	Wall Street-华尔街、New Zealand-新西兰
借形词	字母词(外文字母缩略式)、字母加汉语相关语素、汉字式借形	WTO、VCD；B超、BP机；景气、直观、资本

3. 借词的意义

(1)是民族关系的一种见证，是研究民族发展史的一项重要材料。

(2)在语言的历史研究中起着重要作用。

(3)丰富了本族语词汇及语言使用中的风格色彩。例如，英语从法语中借入大量词：state，nation，glory 等，丰富了英语词汇。

(4)促进本族语构词方式的发展。如汉语中附加式构词方式的发展。

(5)促进不同群体之间的社会交往和科学文化技术的交流。

【名师点拨】借词的定义、类型和意义是常见考点，考研题中经常以主观题的形式辨析借词的类型，形式灵活且不易重复。考生务必要多结合实例进行分析，熟练掌握借词的各种类型。

(二)借词与社会

1. 不成系统的词汇借用

如果两个社会在地域上不相邻，并且交流程度不深，那么语言上的影响是有限的，只限于吸收对方语言中表达新事物的名词，而不会改变原有的语法系统。语言接触的这种结果属于“不成系统的词汇借用”。

2. 借词与社会的关系

(1)语言中借用词语的方向取决于两个社会接触时文化传播的方向，即单向的文化输出或输入带来的词语借用也是单向的，而双向的文化交流带来的词语借用也是双向的。

(2)借词中有一类词语本来是借出去的，后又从其他语言中借回来，但是音、义都会发生变化，被称为回借。

(3)借词只要符合社会的需要就会在语言中扎根。

三、语言联盟与系统感染

(一)语言联盟与社会

1. 语言联盟的定义

语言联盟是指同一地理区域或相邻地理区域内通行的数种语言，它们属于不同的语族甚至语系，但由于长期的语言接触，互相渗透影响，在语法、语音、词汇等方面具有许多相似的特点。

2. 语言联盟的原因

语言联盟是不同民族深度且相对平衡接触的结果。

(1)同一区域内不同民族交错居住，互相通婚，各民族人口相对均衡。

(2)同一区域内不同民族在经济、政治、文化等方面交往频繁，且各民族地位相对平衡。

(二)系统感染

1. 定义

系统感染是指同一地区的数种语言由于彼此接触，互相渗透，在语音、语法结构等方面逐步趋同，但仍保留了一些本质上的不同。这些语言会有较大数量的词语借用，但仍有相当数量的核心词根是各自语言原有的。

2. 互协

在同一区域内若干语言长期地密切接触，会造成区域内的双语(或多语)现象，即在一片地理区域内若干民族的人既会说自己的母语，也会说同居一地的其他民族的语言。

互协是一种语言变体现象，即多语地区的每种语言在使用过程中出现非母语所具有的、本地区其他语言的一些特征，各种语言在互相影响下逐步趋同。

四、语言的替换和底层遗留

（一）语言替换

语言替换，又称语言替代，有的教材也称语言融合，是指两种语言在融合过程中，一种语言胜利取代另一种语言的现象。

1. 语言替换的原因

语言替换是不同民族深度但不平衡接触的结果。

（1）深度接触，是指同一地域内不同民族聚居在一起并具有较为频繁的经济文化交流。

（2）不平衡接触，是指同一地域内的不同民族在交往中所处地位不平衡，某一民族具有显著优势，其语言成为民族间的交际工具，导致其他民族在接触中逐步放弃使用本民族的语言。

2. 语言替换的结果

处于优势地位的民族语言成为地域内不同民族的交际工具，弱势地位的民族逐步放弃使用本民族语言，直至本民族语言消失。

（二）语言替换的社会原因

语言替换的主要原因有三个：

1. 族群杂居，长期共处

几个民族或社会群体在较长时期内共处于同一地区，彼此保持各种密切联系，有的还涉及族际通婚等。

2. 经济文化，优势失衡

一个语言族群在经济、文化诸方面越先进，优势表现越突出，与其他语言族群深入接触时可能具有的融合力就越强。不同的语言族群彼此之间在经济、文化等方面势均力敌是不可能发生语言替换的。

3. 人口影响，以多胜少

一般情况下，人口数量多的语言族群，其语言的融合力可能会大一些。

总的来说，在语言替换的过程中，长期杂居、经济文化优势和人口居多常常是三位一体地发生作用的。如果一个族群仅仅只有军事上的优势，其语言是难以成为胜方融合者的。汉族历史上虽然多次被外来民族侵略统治，但汉语没有被融合掉，反而融合了鲜卑语、蒙古语、满语，原因也是如此。

（三）自愿替换和被迫替换

1. 自愿替换

自愿替换是指有的民族在长期的语言接触中，自觉自愿地放弃本民族的语言而选用其他民族语言的现象。

2. 被迫替换

被迫替换是指有的民族本意是想保持本民族的语言，但由于与其接触的民族在经济、文化及人口数量上占有相当的优势，从而使其不得不放弃自己的语言而选用其他民族语言的现象。

（四）语言替换的过程

1. 概述

在语言替换过程中，两种或多种语言相互影响，在同一地区出现双语或多语现象，之后占优势地位的语言逐步成为主要交际工具，对其他语言进行替换。

2. 双语现象或多语现象

这一现象是语言替换的重要阶段，主要表现在两方面：

(1)弱势语言的使用者越来越熟练地使用优势语言。

(2)优势语言的使用范围越来越大。

3. 导致语言替换完成的社会历史条件

双语或多语现象形成后是否最终导致语言的替换，取决于社会历史条件：

(1)两个民族向融合的方向而不是分离的方向发展，相互间的关系越来越密切。

(2)两个民族的人口处于杂居状态而不是聚居状态。

(五)底层遗留

1. 底层的定义

底层是指在语言替换中，一种语言被另一种语言排挤和替代而逐步消亡，被替代的语言在胜利者语言中也会留下痕迹的现象。

2. 底层的表现

(1)特殊的发音习惯。被替代语言中的一些特殊的发音习惯会延续到替代语言中。

(2)各种名称。被替代语言中的人名、地名、器物名会延续到替代语言中，表示原有的含义。如"哈尔滨""萨其马""把势"都是满语在汉语中的遗留。

【名师点拨】"语言替换"是近年来各校考研真题的热门考点，考生必须熟悉语言替换的含义、过程、分类。

五、通用书面语、民族/国家共同语进入方言或民族语的层次

(一)通用书面语与地方语

1. 通用书面语的产生

书面语是在文字的基础上产生的，是用文字的形式来传递人们的思想、情感、观点等信息。它要求句子结构完整、严谨、工整，符合语法规则和行文要求，在恰当传递信息的基础上产生一定的修辞效果，其使用的范围可以覆盖若干个地区。

2. 通用书面语与地方语

(1)通用书面语和地方语可以是同一民族语言的风格兼地域的变体；也可以是完全不同的两种语言。

(2)通用书面语具有高于地方语的地位，联系着语言不完全统一的社会。

3. 书面语的特殊性

(1)传播范围广。书面语通过文字传播，不受时空限制。

(2)地位特殊。书面语与地方语使用场景不同，两者可以长期共存。

(3)规范确切。书面语接受对象广泛，表达形式规范。

(二)文白异读与汉语方言中的通用语层次

1. 文白异读

(1)定义

文白异读是汉语方言中一种特殊现象，是指一些汉字在方言中有两种读音，一种是读书识字所使用的语音，称为文读，另一种是平时说话时所使用的语音，称为白读。

(2)原因

文白异读是外来语对当地语产生影响的结果。文读一般是外来的通用书面语，而白读则是当地的方言，两者相互吸收渗透，使得语言使用出现多种读音。

(3)特点

①共用一套声韵调系统。文读是在通用书面语没有音值标准的历史时期产生的，各地的文读都经过了各自方音系统的改造，带上了地方味儿。在我国，直到推广普通话之后，书面语才有了固定的声韵调系统。

②有大量相同词汇，音类对应关系明显。文读与白读源于同一语言，具有亲缘关系，在本质上是相近的。部分语音与词汇存在不对应的情况，是由于文读与白读的杂配，或是地方方言自觉采用了文读语音。

2. 通用语层次

(1)多层次的原因

不同时期的通用书面语可能不同，所以文读也可能有多个层次。在新的文读语音进入书面语后，旧的文读风格便会被逐步淘汰。

(2)分析汉语方言的层次要注意的问题

①要注意我国历代通用书面语的更替。

②要注意汉字给通用书面语带来的特殊性。

③要注意方言中是否出现文白异读现象取决于方言与同时期通用书面语的字音差异。

(三)外族书面语的层次

1. 外族语作通用书面语的情况

(1)本民族人口较少，且没有自己的文字，往往借用同一共同体内具有优势地位的民族的文字作为通用书面语。

(2)借用其他国家特别是经济、文化发达的国家的文字作为通用书面语。

(3)因军事征服或政治统治原因，某一民族在一段时间内以征服者或统治者的民族文字作为通用书面语。

2. 书面语借用的结果

书面语借用的社会条件不同，结果会有差异。

(1)在第一种社会条件下，借用外族书面语有助于本民族构建完整的书面语系统，同时在民族杂居区域，两民族语言在系统感染下会形成语言联盟。

(2)在第二和第三种社会条件下，在词汇大量借用的基础上，可能会发生结构因素的少量借用，但不会导致借入一方整个语言系统在结构类型上的变化，也不会发生彼此的系统感染，不会产生语言联盟。

(四)共同语

共同语是社会统一的产物，它是在一种语言的基础上吸收其他语言的成分发展起来的，其词汇和语法以整个基础语言为主要来源和依据。共同语分为民族共同语和国家共同语。

1. 民族共同语

一个民族的共同语是在某一个方言的基础上形成的通用交际语。这一基础方言的选择取决于社会经济、政治、文化等多方面的客观条件。

2. 国家共同语

一个国家的共同语是以某一民族语为基础形成的国家通用交际语。这一基础民族语的选择同样取决于社会经济、政治、文化等多方面的因素。

3. 共同语的作用

(1)加强民族和国家的内部联系，形成民族认同与国家认同。

(2)促进民族与国家的经济贸易发展和文化发展。

(3)作为共同交际语，融合地方方言与民族语言，形成共同发展。

【名师点拨】“共同语”的内容、分类是近几年的常考点，考生需要对民族共同语和国家共同语的区别加以理解。

六、语言接触的特殊形式——混合语

(一)“洋泾浜”

1. 概述

“洋泾浜”是语言接触中的一种畸形的语言现象。它是一定社会条件下的产物，17 世纪以后帝国主义殖民扩张，当地人和外来的商人、水手、传教士等打交道的过程中学到的一种变了形的外语，只有口头形式，用于和外国人交往的特殊场合，并不作为母语或第一语言。“洋泾浜”并非只出现在中国，是世界各地通商口岸的常见语言现象。

2. 产生原因

(1)外来者在与当地人的交流中，简化自身的语言，同时吸收当地的语言表达方式与词汇，使表意更加清楚明白。

(2)当地人为了商业交流，主动学习外来者语言，同时根据自身的语言表达习惯进行语法、词汇上的改造，这种改造又被外来者接受吸收，成为共同交际语。

3. 特点

(1)语音经过当地语言音系的适当改造。

(2)语法规则减少到最低限度。

(3)词汇的项目比较少，往往要借助于迂回曲折的说法指称事物。

(4)功能上适用范围有限，且没有书面语体。

4. 发展前途

“洋泾浜”的使用范围比较狭窄，发展前途大致有以下两点：

(1)随着特定的社会交际环境的变迁而消亡。

(2)发展为混合语，成为某一地区人们通用的交际工具。

(二)混合语

1. 混合语的形成

“洋泾浜”在社会交际需求的推动下，可能发展成为地区或国家的通用交际工具，被下一代作为母语来学习。这种情况下，“洋泾浜”就变成了混合语，又称克里奥耳语。

2. “洋泾浜”与混合语的共同点

(1)“洋泾浜”和克里奥耳语都是殖民者凭借自身的强势地位击败当地语言的产物，殖民者的语言成为其产生的基础。

(2)在“洋泾浜”和克里奥耳语产生的过程中，殖民者的语言会吸收当地语言的一些成分，放弃自身语言的一些特点。

【名师点拨】“洋泾浜”、混合语是语言接触的特殊形式，考研真题经常把“洋泾浜”到混合语的发展过程作为考查重点，考生应重点记忆和掌握这部分内容。

(三)我国境内的土汉语和混合语

1. 土汉语

我国是多民族国家，在宁夏、青海、新疆等西北地区和云南、贵州等西南地区，多民族杂居。不同的民族语言相互接触，产生了类似于“洋泾浜”的土汉语，这种语言有大量的汉语核心词汇，同时吸收了各民族的语言特点。

2．混合语

在我国的多民族杂居区域，由于长期的语言接触，也出现了一些混合语。说这些混合语的人口都很少，但的确已经作为母语来传递。

（四）世界语

1．概述

比较成功的是波兰医生柴门霍夫于1887年创造的“世界语”。

世界语是一种人造语，以印欧语系为基础，书写形式采用拉丁字母，基本语法规则较为简单，语音和书写完全一致，比较容易掌握。

2．特点

表8－2　世界语的主要特点

要点	具体内容
语言要素特点	①基本词汇的词根主要来自拉丁语族，也有少量来自日耳曼语族和斯拉夫语族。 ②语法规则只有十六条。通过词汇的黏合性及前缀、后缀的使用，形成较强的构词能力。 ③书写形式采用拉丁字母，一个字母只发一个音，语音和书写完全一致
优点	①模拟自然语言，没有枯燥乏味矫揉造作的味道。 ②规律性强，便于学习、记忆和传播。 ③语法规则简单整齐，懂得欧洲语言的人容易产生似曾相识的感觉
局限	①基本词汇体系过于庞杂，包含电脑编码中没有的字母，难以进行电脑输入。 ②语序过于自由，有些单词不符合构词法，显得过于累赘。 ③对欧洲语言过分依赖，基本上只是以印欧语言为基础，而没有世界其他语言的成分

8.2　考研真题与典型题详解

一、填空题

1．在汉语词汇借用现象中，“麦克风”是______词，“话筒”是______词，“维他命”是______词。［北京师范大学2012年研］

【答案】音译（借）；意译；音意兼译

【解析】词汇借用包括“借词”和“意译词”两种情况，前者是音和义都借自外族语或方言的词，而后者是指用本民族语言的构词材料和规则把外语里某个词的意义移植过来形成的新词。在汉语里，借音现象少，意译词多。“麦克风”是“microphone”的音译，属于借词；“话筒”是用汉语构词规则为“microphone”重新构造的词，属于意译词；“维他命”既包含音译，也包含“维持生命”的意思，属于音意兼译词。

2．某一语言社团使用两种或多种语言的社会现象叫作______。［中国人民大学2011年研］

【答案】双语现象

【解析】双语现象是一种社会现象，是指某一语言社团使用两种或多种语言的社会现象。这种现象由使用不同语言的人杂居和外语教育而产生。

3．“洋泾浜”属于______与______的混合，如果这一语言被某一代人以母语习得，这种语言就变成了______语。［北京师范大学2013年研］

【答案】本地语；外语；混合

【解析】"洋泾浜"出现于各地通商口岸，以外语为基础，吸收了当地人的语言习惯。"洋泾浜"在社会交际需求的推动下，可能发展成为地区或国家的通用交际工具，被下一代作为母语来学习。这种情况下，"洋泾浜"就变成了混合语。

4. "洋泾浜"只有______形式。[北京语言大学2011年研]

【答案】口头

【解析】"洋泾浜"是出现在各地通商口岸的一种变了形的外语，主要用于贸易往来与文化交流，只有口头形式。外来者在与当地人的交流中，简化自身的语言；当地人为了商业交流，主动学习外来者语言，同时根据自身的语言表达习惯进行语法、词汇上的改造。

5. 柴门霍夫创立的世界语属于______语言。[中国人民大学2011年研]

【答案】国际辅助

【解析】世界语是由波兰医生柴门霍夫博士创造的一种国际辅助语言。世界语以印欧语系中几种主要语言为基础，在语音、词汇、语法上加以改进，设28个音位，相应地用28个字母表示，读音和拼写完全有规则，较易于学习和掌握。世界语的性质是国际辅助语。

6. 语言接触有不同类型，其中最常见的是______、______、______、______、______。[西北大学2018年研]

【答案】不成系统的词汇借用；语言(区域)联盟与系统感染；语言替换与底层遗留；通用书面语、民族/国家共同语进入方言或民族语的层次；"洋泾浜"和混合语

【解析】语言接触是指不同的民族与地区之间通过迁徙、战争、贸易交往、文化交流等方式相互接触，使不同的语言相互影响。不同的接触程度与接触方式会带来不同的接触结果。最初各民族会坚持使用本民族语言，只借用部分其他民族语言的词汇。随着社会接触程度的加深，语言影响也逐步加深，出现语言联盟与系统感染，直至最终形成语言替换。"洋泾浜"与混合语是一种特定交际环境下形成的特殊语言现象，而作为通用交际工具的语言则成为共同语被各民族使用。因此，语言接触的常见类型有不成系统的词汇借用，语言(区域)联盟与系统感染，语言替换与底层遗留，通用书面语、民族/国家共同语进入方言或民族语的层次，"洋泾浜"和混合语五种。

二、判断题

自愿融合和被迫融合是两种语言接触不可回避的必经之路。[北京语言大学2011年研]

【答案】错误

【解析】自愿融合和被迫融合是语言融合的两种形式，有的民族在语言融合的过程中，自愿接受先进民族的语言，有些则要顽强抵抗，是依具体情况而定的，并不是说哪种方式是必须的。并且语言接触过程中还有其他形式的演变，语言融合只是其中的一种模式。

三、选择题

1. 下列普通话词中属于借词的是(   )。[中山大学2010年研]

A. 足球　　B. 电话　　C. 罗汉　　D. 蜜月

【答案】C

【解析】借词又称外来词，是指音与义都借自外语的词。ABD三项，都属于意译词，即用本族语言的构词材料和规则把外语里某个词的意义移植进来构成新词，这不属于借词。C项，"罗汉"是汉代以后从印度借入的佛教用词。

2. 一种方言成为共同语的基础方言时，决定于社会的政治、经济、文化等各方面的条件。下面方言中，主要是由于文化原因成为共同语的基础方言的是(　　)。[中山大学2010年研]

A. 多斯岗方言　　B. 汉语北方方言　　C. 伦敦方言　　D. 东京方言

【答案】A

【解析】A项，多斯岗方言成为意大利共同语的基础方言主要是由于文化的原因。BD两项，汉语北方方言和东京方言成为共同语的基础方言是政治的原因。C项，伦敦方言成为英吉利共同语的基础方言是由于经济的原因。

3. (多选)“洋泾浜”(Pidgin)与克里奥耳语(Creole)的区别有(　　)。[中山大学2011年研]

A. 克里奥耳语的特点是被作为母语来习得

B.“洋泾浜”是语言接触的特殊形式

C.“洋泾浜”只有口头形式，用于与外国人打交道

D. 克里奥耳语可以升格为“洋泾浜”

E.“洋泾浜”可以升格为克里奥耳语

【答案】AC

【解析】“洋泾浜”是一定社会条件下的产物，是出现在世界很多通商口岸的一种常见的语言现象。“洋泾浜”主要用于贸易往来与文化交流，只有口头形式。但是在一定的条件下，它也可能被社会采用为主要的交际工具，由孩子们作为母语来学习，在这种情况下，“洋泾浜”就变成了混合语，又称克里奥耳语。克里奥耳语内部形成了完整的语音、词汇和语法规则，不仅有口头形式，而且有书面形式。因此AC两项是“洋泾浜”和克里奥耳语的区别所在。“洋泾浜”和克里奥耳语是语言接触两种特殊的形式，B项为两者的共同点；D项表述错误；E项为两者的联系并非区别。所以正确答案为AC两项。

四、名词解释

1. 仿译词[北京师范大学2011年研]

答：仿译词是指模仿外语词汇的结构方式，用本民族的语言材料逐个翻译外语词汇的语素所构成的新词。例如，汉语的“足球”“蜜月”是模仿英语的“football”“honeymoon”的结构而产生的仿译词，英语的“foot”是“足”，“ball”是“球”，“honey”是“蜜”，“moon”是“月”，汉语就用相应的构词材料按照英语词中构词成分的排列顺序而加以仿制，构成“足球”“蜜月”之类的词；其他如“超阶级”“反科学”“后工业时代”等也是模仿外语结构而产生的仿译词。

2. 语言联盟[北京大学2013年研]

答：参见本章复习笔记。

3. 共同语[河南大学2021年研；北京语言大学2011年研]

答：参见本章复习笔记。

4. 语言混合[华东师范大学2015年研]

答：语言混合是指多种语言融合产生的语言。目前已知的混合语都是两种语言的混合。语言间的相互借用和影响非常普遍，但是真正的混合语并不多。混合语的产生有可能标志着新的民族或文化群体的产生。“新加坡英语”是一种典型的混合语，它是本土语言与英语的混合，词汇主要使用英语，但语音保留了本土语言的发音习惯。

5. “洋泾浜”[河南大学2024年研；华中师范大学2019年研；南京师范大学2018年研；中国海洋大学2018年研]

答：参见本章复习笔记。

6. 克里奥耳语[中山大学2011年研]

相关试题：混合语[南京师范大学2024年研；中央民族大学2021年研]

答：参见本章复习笔记。

7. 世界语[中国传媒大学2012年研]

答：世界语是波兰医生柴门霍夫在1887年创造的以世界通用为目的的辅助性语言。它的词汇材料主要取自拉丁族语言，也有一部分取自日耳曼族语言和斯拉夫族语言。语法规则十六条，没有例外。通过词汇的黏合性及前缀、后缀的使用，形成较强的构词能力。书写形式采用拉丁字母，一个字母只发一个音，语音和书写完全一致。世界语模拟自然语言，没有枯燥乏味矫揉造作的味道，简单易学。但作为一种人造的国际辅助语，它不能代表自然语言作为人们的母语或第一语言。

五、简答题

1. “烫手山芋”(hot potato)是借词吗？为什么？[中国传媒大学2014年研]

答：(1)借词的定义

借词，又称外来词，是指音与义都借自外语的词(从外族语言里借来的词)。虽然借词的音与义来自外语，但并不是原封不动地借来，因为语言是一个符号系统，各个成分相互制约，所以对借词的音与义都会进行适当的改造，以适应借用者的语言系统；并且一些社会接触程度不深，借词失去了原有的社会土壤，在语音、语法上都逐步适应本民族语言。

(2)“烫手山芋”分析

山芋虽然是借词，但“烫手山芋”在中国的文化当中已经演变成具有中国特色的词语，不再是借词。山芋煮熟后肉质比较松软，热山芋不但温度高而且因为肉质像泥巴一样粘人会把人烫伤，故有此说法。因此，“烫手山芋”在中国文化中作为歇后语、俗语，可用来比喻棘手且各方皆不愿接办的事。

因此，“烫手山芋”不是借词。

2. 结合我国的语言生活，谈谈双语双方言现象和语言替换(语言转用)现象。[中山大学2011年研]

相关试题：双语现象[名词解释，中南大学2011年研]

答：(1)双语双方言现象

在语言替换过程中，两种或多种语言相互影响，会在同一地区出现双语或多语现象。这一现象是语言替换的重要阶段，在这一阶段中，随着以弱势语言为母语者使用优势语言越来越好，范围越来越大，优势语言会最终完全替换弱势语言。双语现象形成后是否最终导致语言的替换，取决于社会历史条件：其一，两个民族向融合而不是分离的方向发展，相互间的关系越来越密切，其二，两个民族的人口是杂居而不是聚居，这样，某一个民族就会逐渐放弃自己的语言，完成语言的替换。

我国是一个地域广阔的多民族国家，存在数量众多的方言与民族语。虽然汉语普通话是国家共同语，但是在很多地区，方言与民族语仍然被广泛使用，形成方言或民族语与汉语普通话共同存在的双语现象。随着我国经济文化的发展与民族融合的加强，汉语普通话的使用频率逐渐提高，也逐步同化和替换方言和民族语。

（2）语言替换（语言转用）现象

语言替换（语言转用）是指一个民族和一个民族的部分人放弃使用自己的母语而转用另一种语言的现象，例如我国的回族整体转用了汉族人的语言，而居住在海外的华侨或一些国内的少数民族地区，则一般属于部分转用型，如云南通海地区的蒙古族转用了彝语，湖南桃源、常德的维吾尔族转用了汉语。

语言替换是不同民族之间深度但不平衡接触的结果。所谓深度接触，是指在同一地域内不同民族杂居，具有较为频繁的经济文化交流；所谓不平衡接触，是指同一地域内的不同民族在交往中所处地位不平衡，某一民族具有显著优势，其语言成为民族间的交际工具，导致其他民族在接触中逐步放弃使用本民族的语言。

3．你如何看“洋泾浜”语的发展前途？［中山大学2010年研］

答：参见本章复习笔记。

六、论述题

1．以你熟悉的汉语方言、普通话和外语为例，谈谈你对语言接触的认识。［中南大学2010年研］

相关试题：

（1）系统感染［名词解释，武汉大学2024年研］

（2）语言接触的结果是什么？［中国海洋大学2023年研］

（3）混合语是特殊的语言接触形式，请以混合语为重点论述对象谈谈你对语言接触的理解。［南京师范大学2024年研］

答：语言接触是指不同的民族与地区之间通过迁徙、战争、贸易交往、文化交流等方式相互接触，使不同的语言相互影响。不同的接触程度与接触方式会带来不同的接触结果。其常见类型有以下几种：

（1）不成系统的词汇借用

如果不同的社会、民族在地域上不相邻，并且在接触上只限于一般的经济文化交流，那么语言接触的变化就只限于吸收对方语言的新表达，而不会改变原有的语法系统。语言接触的这种结果属于“不成系统的词汇借用”。

（2）语言联盟与系统感染

①语言联盟

参见本章复习笔记。

②系统感染

参见本章复习笔记。

（3）语言替换与底层遗留

如果若干民族在地域上比邻而居，接触极为密切但不平衡；经过长期的双语或多语并存阶段之后，各语言相对平衡的状态会打破，经济文化和人口上占优势的民族的语言会替换其他民族的语言，成为唯一的胜利者。在语言替换中，一种语言被另一种语言排挤和替代而逐步消亡，但它在胜利者语言中会留下痕迹，这种现象被称为“底层”。

（4）通用书面语、民族共同语进入方言或民族语的层次

通用书面语具有高于地方语的地位，联系着语言不完全统一的社会。它是在文字的基础上产生的，是用文字的形式来传递人们的思想、情感、观点等信息。它要求句子结构完整、严谨、工整，符合语法规则和行文要求，在恰当传递信息的基础上产生一定的修辞效果，其

使用的范围可以覆盖若干个地区。通用书面语经过进一步发展，成为民族共同语或国家共同语，它是在某一个方言的基础上形成的通用交际语，这一基础方言的选择取决于社会经济、政治、文化等多方面的客观条件。民族共同语对各民族语言的影响程度不同，随着经济发展与民族融合，共同语的使用频率更高，便逐步同化和替换地方方言和民族语。

(5)语言接触的特殊形式——“洋泾浜”和混合语

“洋泾浜”是出现在各地通商口岸的一种变了形的外语，主要用于贸易往来与文化交流，只有口头形式。“洋泾浜”在社会交际需求的推动下，可能发展成为地区或国家的通用交际工具，在家庭里扎根，被下一代作为母语来学习。这种情况下，“洋泾浜”就变成了混合语，其词汇量不断扩大，语法也逐渐复杂化、严密化、规范化，表达能力增强，使用范围扩大。

2. 论述并举例说明社会发展对语言发展变化的影响。[南开大学 2011 年研]

***相关试题*：论述语言的社会性。**[北京大学 2018 年研]

答：语言是人类最重要的交际工具，是一种社会现象。语言既服务于社会发展，同时又受到社会发展的影响，与社会息息相关。社会发展对语言发展变化的影响主要反映在以下几个方面：

(1)社会的发展速度决定着语言的发展速度

社会现象是指那些与人类共同体的产生、存在和发展等活动密切联系的现象。不同的民族有不同的语言，不同的地域有不同的语言，而社会发展较快的民族，其语言发展速度也较快。

(2)社会的需要刺激语言的发展

语言的发展变化离不开社会。无论是新词语的产生，还是旧词语的消亡，都取决于社会交际的需要。无论是语音的变化，还是语义、语法的变化，都是为了更好地满足社会交际的需要。而且语言的任何发展变化都取决于社会的集体意志，任何个人意志都不能决定语言的发展变化。

(3)语言随着社会的变化而变化

①从语言发展变化的外部动因出发，社会的分化会带来语言的分化，可分化为不同的语言变体，社会方言、地域方言和亲属语言；社会的接触会带来语言的接触，出现语言联盟的现象。

②社会的融合会使语言同样出现融合的现象，不同民族在长期的杂居接触中，语言会发生融合，采用生产力水平较高、文化比较发达的民族的语言作为通用的交际工具。

③从语言系统内部来看，语音、词汇、语法三个子系统都会随着社会的发展变化而发生变化。例如，词汇和社会的发展联系非常紧密，新词的产生、旧词的消亡和词语的替换都源于社会中新事物的产生、旧事物的消亡和不同事物的发展变化。

3. 简要论述语言融合的性质、原因、类型以及英语学习对汉语的影响。[武汉大学 2011 年研]

***相关试题*：**

(1)语言同化有哪些方式，举例说明。[简答题，武汉大学 2010 年研]

(2)语言融合[名词解释，华中师范大学 2012 年研；南开大学 2011 年研]

答：(1)语言融合的性质

语言融合是指不同民族在同一地区长期密切接触以致渐渐趋向融合而带来的一种语言接触类型，又称“语言替代”或“语言替换”。语言融合并不是指产生“混合语”，而是指在相互接触中一种语言排挤代替了其他语言，即其中某一种语言成为胜利者，保留自己的语法构造和基本词汇，并且按自己发展的内在规律继续发展，成为趋向于融合的各民族人民的共同交际工具，而其他语言则由于无人使用而消亡。消亡的语言通常会在胜利者的语言中留下痕迹，如某些发音方式的特点，当地某些地名或特有地貌、物产的名称等。在语言融合过程中并不是政治军事上处于统治地位的民族语言成为胜利者，往往是经济文化地位高的一方排挤替代经济文化地位低的一方。

(2)语言融合的原因

发生语言融合的必要条件是这些不同民族必须在同一地区有较长时期的杂居生活。不在同一地区生活的民族或虽生活在同一地区但保持独立聚居的民族，一般不会发生语言融合。如南北朝以来鲜卑、契丹、女真、满族先后入主中原后逐渐与汉族杂居，他们的语言也逐渐融入汉语而消亡。

(3)语言融合的类型

语言融合主要有自愿融合(又称自愿替换)和被迫融合(又称被迫替换)。

参见本章复习笔记。

(4)英语学习对汉语的影响

英语学习对汉语的影响表现在汉语的各个方面，包括语音、词汇、语法。

现在中国人在话语中会夹杂一些英语单词，习得了汉语中从未有过的发音模式。如汉语中的“拜”字本来只有一个声调，读第四声，用在“拜年”“拜会”等词语中，但受英语 bye-bye 一词的发音影响，“拜”出现了第二声，用于表示再见(拜拜)。英语单词 taxi 的粤语音译是“的士”，因为“的士”的出现，汉语的“的”在原有基础上又多了一个第一声，如“的哥”“的姐”等。

4. 双语和双方言现象是怎样产生的？你如何看待这一现象的发展趋势？［中山大学 2012 年研］

答：(1)双语和双方言的产生

参见本章复习笔记。

(2)双语和双方言现象的发展趋势

①两种语言演变成为一种通用语言

双语和双方言的现象只是语言发展到一定阶段的表现，随着两个社会或民族的交往越来越密切，这一现象继续向前发展，两种语言间的差异会减少，相似处会逐渐变多，最后会逐渐演化成一种通用的语言。

②两种语言相互疏远

如果一段时间里，两个社会和民族之间的交流越来越少，语言的接触的机会也会减少，两种语言之间的趋同演变就会降低。

③两种语言中优势语言替代另一种语言

如果两个相互接触的社会在发展上有差别，人口上有差异，那么优势社会的语言就会取代弱势社会的语言，成为两个民族的共同语。

④一直保存着双语和双方言现象

两个民族之间的交流一直处于均衡的接触中，则两种语言共同使用的局面一直保持着，双语现象一直保留。

5. 举例分析语言演变过程中词语发生替换的原因。［中国传媒大学2010年研］

答：词语的替换是指用新的词语替换了旧的词语，但其所指的社会事物本身并没有发生变化。产生这一变化的主要原因有以下几点：

（1）社会原因

①社会观念的改变

随着社会生活的改变，人们对同一事物产生观念的变化，这种变化表现在语言中就会出现词语的替换。新中国成立以后，汉语中很多词语被认为是反映了旧社会的等级观念而改变了说法。例如，百姓—人民、司令官—司令员、厨子—炊事员、车夫—司机等。

②政治权利的改变

随着政权的更迭，统治阶层利用权力更改词语。例如，清朝政府把“呼和浩特”改为“归绥”，把“乌鲁木齐”改为“迪化”，解放以后人民政府恢复了原名。

③社会现象的改变

词语会随着旧事物的消亡而消亡，随着新事物的出现而出现。例如，我国封建社会的官吏有朝廷发的“俸禄”（包括“俸银”“禄米”等），随着封建社会的消亡，这些词语也消失了；改革开放后则出现了“卫星”“克隆”“光伏”“新冠病毒”等新词。

（2）不同语言间的交流融合

同一区域内出现多民族杂居局面，各民族长期的社会接触也会带来语言的接触，由此形成词语的替换。如汉族在和少数民族的融合过程中，散居于在数量上占优势的汉族人民中间的少数民族，逐渐失去了自己语言的一些特征，包括一些词汇，而被优势语言所取代。

（3）语言发展规律的作用

上古时期，汉语词语主要是以单音孳生法为主，而随着社会的发展，这种方法所产生的单音词在交际中出现了不便。南北朝以后，两个单音节词根的复合构词法成为主流，因此，一些单音节词被双音节的词所替代，成为交际的主体。

第9章 语言系统的演变

9.1 复习笔记

一、语音的演变

(一)语音的演变概述

1. 语音演变的凭借

(1)方言和亲属语言。

(2)记录语言过去状态的文字。

(3)古代借词。

2. 方言和亲属语言

同一语言的演变在不同区域表现出差异，这些差异往往是该种语言在不同发展阶段的表现，从中可以窥见其发展轨迹。

3. 文字

文字的演变较语言更慢，具有保守性。一般情况下，语言发生变化在先，文字发生变化在后。因此，文字可用于探究语言的演变历程和历史面貌，例如探索古音可从古诗文用韵和形声字入手。

4. 古代借词

(1)对比古今借词读音可找到音变线索。

(2)由古汉语借出去的外语词也可找到音变线索。

(二)语音演变的规律性和演变机制

表9-1 语音演变的规律性和演变机制

要点	具体内容	
语音演变呈现规律性的原因	因各音位处于音位系统中，音系演变的方式和结果受该系统的对称性制约	
语音演变规律性的特点	条件性	语音演变由一定条件引起，只要一定条件存在，语音就会发生变化，如有例外，也能找出发生例外的条件
	时间性	语音演变只在某段时间内呈现规律性，若超出某段时间的范围，语音演变则不具备某种规律性
	地区性	语音演变只发生在某个地域内
	系统性	一般情况下，某一音位区别特征的变化会造成同一聚合群的其他音位区别特征的变化
语音的演变机制	语音的演变以区别特征为单位，音位系统的演变是语音演变的主要内容，其结果是音位的聚合关系(包括音位的合并和分化)和组合关系的变化	

(三)语音对应关系和历史比较法

1. 语音对应关系

由同种语言分化形成的方言或亲属语言因发展不平衡而表现出语音差异，但出于语音演变的高度齐整性，语音的演变可用规律的形式表述出来。根据这种规律的对应关系，进而可以确定语言的亲属关系。在汉语中，方言之间的语音对应关系取决于语音演变规律及其条件性、时间性和地区性。这种对应不仅存在于韵母中，也存在于声母和声调中，例如上海话中的浊塞音和浊塞擦音和北京话之间就具有对应关系。

2. 历史比较法

历史比较法是研究语言的亲属关系和它们的发展规律的一种特殊的方法。它的基本出发点是：亲属语言必然会在语言要素或语言成分里或多或少地保留一些同出一源的痕迹，因此，可以把不同语言的材料加以比较，研究它们之间是否存在着有规则的对应关系。如果有这些对应关系，就能确定它们有亲属关系，然后再详细地比较它们，追究其在历史上的发展规律。

【名师点拨】语音演变是历年考研真题中常出的题目，考生需重点掌握语音演变的规律性和演变机制、语音对应关系和历史比较法。

二、语法的演变

语法演变的主要内容包括语法中的组合规则、聚合规则的演变和类推。

(一)组合规则的演变

1. 表现

语法上组合规则的演变主要表现为词序的改变

2. 举例分析

以汉语为例，汉语语法演变中的词序变化，主要表现在三个方面：

(1)宾语在古代汉语中有前置的情况，演变到现代汉语，都变成位于介词或动词之后了，如“古人诚不我欺”，现代汉语为“古人确实没有欺骗我”。

(2)状语在古代汉语中有后置的情况，演变到现代汉语，都变成位于谓语之前了，如“月出于东山之上”，现代汉语为“月亮从东山上升出”。

(3)在古代汉语中，由两个名词(一个表示属概念，一个表示种概念)组成的偏正结构中“大名＋小名”和“小名＋大名”两种结构可以并存，演变到现代汉语，都变成“小名＋大名”了，如“城濮”，现代汉语为“濮城”。

(二)聚合类的演变

1. 表现

语法上聚合类的演变主要表现为形态(孤立语、屈折语、黏着语、综合语等)的改变、语法范畴(性、数、格、时、体、态、人称等)的消长和词类(名词、动词、形容词、数词、量词、代词等实词和副词、介词、连词、助词等虚词)的发展。

2. 举例分析

以汉语为例，汉语属于孤立语，无需形态，它的聚合规则的变化，主要表现在三个方面：

(1)在古代汉语向现代汉语的演化中出现量词，如“匹”“张”“个”。

(2)在古代汉语向现代汉语的演化中出现了一些构词词缀和构形词缀，如构词词缀“老－”“阿－”“－儿”“－头”“－主义”“－论”，构形词缀“－着”“－了”“－过”。

(3)在古代汉语向现代汉语的演化中出现了重叠法这种语法手段，如“看看”“高高兴兴”。

【名师点拨】组合规则的演变、聚合类的演变在考研真题中多以某一种具体语言的组合规则演变和聚合类的演变作为考查重点，考生可结合具体实例进行记忆，加深理解。

(三)类推

1. 定义

类推是指根据一定的结构规则，同类成分可以互相替换，相关的不同结构形式也可以互相转换。

2. 举例分析

一个小孩在学会了“我吃苹果”这句话后，就可以类推出：“他吃苹果”“妈妈吃苹果”“我拿苹果”“我抓苹果”“我吃梨子”“我吃香蕉”等一系列句子。

(四)结构的重新分析

1. 定义

结构的重新分析是指表层形式相同的结构，其内部构造因语用或其他原因被重新分析，从而从底层上改变了音位、词法或句法的结合方式，对原来的形式或意义做出新的解释。

2. 举例分析

英语连词 since 由表示时间到表示原因，其过程就是一个重新分析的过程。这个虚化的过程如下：

A. I have read a lot since we last met. （时间）

B. Since Susan left him，John has been very miserable. （时间/原因）

C. Since you are not coming with me，I'll have to go along. （原因）

A 里的 since 一般分析为表示时间；B 里的 since 既可以分析为表示时间，也可以分析为表示原因；C 里的 since 一般分析为表示原因。就这样，原因义取代了原来的时间义，于是 since 实现了重新分析。

(五)语法化

1. 定义

语法化是指语言中有实在意义的词语转化为无实在意义的词语(但有语法功能)的现象，即实词虚化。

2. 举例分析

汉语的“把”“被”“从”等原来都是有实义的动词，现在都已虚化为介词。

【名师点拨】类推、语法化是历年考研中的重难点，也是常考点。这部分内容理论性较强，因此考生需要结合实例进行理解，重点掌握语法化的含义、具体体现及类推的含义、语法类推变化的特点。

三、词汇和词义的演变

(一)新词产生、旧词消亡和词语替换

1. 新词的产生

新词的产生是指为了指称不断出现的新事物、新现象、新观念而新构造出来的或借来的词语，如“全球化”“区块链”等。

2. 旧词的消亡

旧词的消亡是指由于曾经的旧事物、旧现象、旧观念退出历史舞台而导致指称这些对象的词语失去活力，如“井田制”“科举”等。

3. 词语的替换

词语的替换是指词语所指称的事物现象本身依然存在，只是用新的词语取代了旧的词语，如“目”被“眼睛”替换。

(二)词汇演变与语言系统

1. 创造新词的途径

(1)构词。利用已有的构词材料(语素、词根、词缀等)和构词规则创造新词。如“石头”“老虎”。

(2)借词。从外族语言里借用新词。如“菩萨”“共产主义”。

(3)旧词新用。从古代文献中起用失去活力的旧词，赋予它们新义。如“时髦”一词，古代指“一时的杰出人物”，后世赋予了“形容人的装饰衣着或其他事物新颖入时”的新义。

(4)词义分化。以一个意义为基础，通过引申等途径产生出一个或几个新义，每个新义各有自己的语音形式和书面形式。如，汉语的“叉”分化出“钗”“杈”“衩”等。

2. 词语替换

词语的替换要受到词汇聚合关系的制约；单个词语的替换会引起相关词语的替换。

(三)词义的演变

表9-2 词义的演变

要点	具体内容	
定义	是指词的形式不变，意义发生变化的现象	
原因	社会的发展	如“床”，在古代，是指供人坐卧的器具，后来出现了专供人坐的椅子、凳子等，“床”则专指供人躺在上面睡觉的家具
	认识的深化	如“鲸”，在古代，误以为它是海里的大鱼，后来人们的认识深化了，知道“鲸”不是鱼，而是生活在海洋中的哺乳动物
	词与词之间相互影响	一个词的意义在词义系统中，并非处于孤立的状态，而是受别的词的意义的制约，具体表现为： ①当一个词的意义发生变化时，可能引起与它有关的词的意义的变化。如“深”增加“深奥”的意思后，“浅”也相应地增加了“浅显”的意思。 ②当另一个意义相当的新词产生时，原词的意义也会随之改变。如“meat”原义指一切菜肴，后来出现了“food”，“meat”就专指肉食了。 ③词义组合关系的变化也会引起词义改变。如“赴”原与“凶险之处”组合成词，如“赴汤蹈火”，后来这种组合松动，它的词义组合就扩大了，如“赴宴”
结果	词义扩大	是指词义概括的范围由小变大，即词义所表达的概念外延扩大，内涵减少。如“嘴”，本来指鸟的口，后来泛指一切动物的口
	词义缩小	是指词义概括的范围由大变小，即词义所表达的概念外延缩小，内涵增加。如“臭”，本来指一切气味，后来专指秽恶的气味
	词义转移	是指词义由一个范围转移到另一个范围，如汉语里“走”本来指跑，后来指步行
途径	引申	是以词的本义为基础，派生出与本义有关联的新的意义。如“月”，本义是“月亮”，后来人们根据月亮运行周期，把从朔到晦称为一“月”
	隐喻	是指甲、乙两现象之间有“相似”的关系，后就用甲指代乙。如“走狗”本指猎狗，后来比喻受人豢养指使而帮助做恶的人

续表

要点		具体内容
途径	转喻	是指甲、乙两现象之间有“相关”的关系，后就用甲指代乙。如“兵”本指兵器，后来转指持兵器的人——士兵，原来的意思反而消失
	词义吞并	是指部分复合词或固定词组的某一成分意义覆盖其他成分的意义．进而代表整个语言单位的意义，如“世”本指时间，“界”本指空间，后来“界”的意义吞并了“世”的意义，代替了“世界”的意义

9.2　考研真题与典型题详解

一、填空题

1. 汉语“个”的本义是“竹子”，后来变为______，这种现象属于语义的______。[北京师范大学2013年研]

【答案】量词，用于表示单独的人或物；转移

【解析】词义变化包括词义的扩大、缩小和转移。“个”由一个意义比较实在的名词变为一个意义相对较虚，语法意义较强的量词。“个”的意义经演变后能表示单独的人或事物，这种变化说明其词义发生了语义的转移。

2. “木耳”的“耳”指“形状像耳朵的东西”，这是通过______的引申方式产生的新义项；“绝笔”中的“笔”是指“用笔写的作品”，这个义项是通过______的引申方式产生的。[北京师范大学2012年研]

【答案】隐喻；转喻

【解析】从人类与现实现象之间的关系来看，原有词义经过隐喻、转喻等途径发生词义转移或产生新义项。“隐喻”着眼于现象之间的“相似”关系，如题中的“耳”通过外形相似的方式产生新义项；“转喻”着眼于现象之间的“相关”关系，如题中的“笔”通过属性相关的方式产生新义项。

二、选择题

1. 在从拉丁语演变成法语的过程中，分别表示第一、第二、第三人称代词的后缀－o、－is、－it中途消失了，后来新出现了前缀ie－、tu－、il－，作用跟原来的三个后缀一样，从而恢复了失去的平衡。这种新的变化是历时性的(　　)。[中山大学2012年研]

A. 同化音变　　B. 异化音变　　C. 同化类推　　D. 异化类推

【答案】C

【解析】A项，同化音变是指语流中两个相邻的不同的音，其中一个受到另一个的影响，在某一个或几个特征上变得跟它相同或相近。如英语中表示复数的词尾s本应读作[s]，但在dogs中因为受到了前面浊音g的读音的影响，变成浊音[z]。B项，异化音变是指两个本来相同或相近的音，其中一个由于某种原因变得跟自己原来的发音不同了。如普通话中两个上声字连在一起，前面一个就不能再读上声，而必须读成近似于阳平(即调值由214变为24)，“冷水”“选举”等就是这种情况。CD两项，“类推”使一些不规则的形式规则化，推广新规则的适用范围，起着调整整顿的作用，给语言带来更大的条理性。题干中不规则的“－o、－is、－it”变成规则的“ie－、tu－、il－”，是由异趋同，可见这种新的变化是同化类推。

2. 英语中的 swell（膨胀）的过去分词原来写作 swollen，后来写作 swelled。原因是（　　）。[中山大学 2010 年研]

A. 正字法　　B. 类推作用　　C. 误写　　D. 过分概括

【答案】B

【解析】语言演变存在着整齐的规律性，但也同样存在着各种各样的变异，这看似相互矛盾的情况是因为语言作为交际工具处在不断地演变中，推动语言走向整齐划一的趋势就是类推作用，如题中 swell 过去分词的变化就是由不规则向规则靠拢。A 项，正字法是指确定正规使用的、书写和语法符合相关规范的文字。C 项，误写是指书写的错误。D 项，过分概括是指一种以偏概全的不合理的思维方式。

三、名词解释

1. 历史比较法[湖南师范大学 2019 年研；中南大学 2011 年研；北京大学 2010 年研]

答：参见本章复习笔记。

2. 词语的替换[北京语言大学 2010 年研]

答：词语的替换是指词语所指的事物现象本身依然存在，只是用新的词语取代了旧的词语的现象。该现象在词汇演变中较为常见。如现代汉语用"演员"代替"戏子"，就是词语替换。出现这种现象或因为政治的原因，或由于人们对事物看法的改变，或是心理因素和语言因素在起作用。一般来说，核心词汇较为稳定，不易被替换，但普通词汇的变化是相对活跃的，这与社会变化紧密相关。

3. 词义的扩大[南开大学 2018 年研；北京语言大学 2011 年研]

答：词义的扩大是指经过演变后的词义所反映的客观事物的范围比原义所反映的客观事物的范围变大的现象。例如，汉语中的"江""河"原来只指"长江"和"黄河"，现在泛指一切河流。语言是发展变化的，词语是语言中发展变化最快的要素，其中，词义演变是语言发展变化的重要组成部分，一般把词义演变的情况归结为词义的扩大、缩小和转移。

四、分析题

1. 结合现代汉语实例与下面古代汉语材料进行对比，指出汉语表达事物数量的方式有何变化？分析这种变化会导致汉语语法格局产生怎样的变动。[北京师范大学 2012 年研]

(1)一言以蔽之。(《论语·为政》)

(2)人皆有七窍，以视、听、食、息。(《庄子·应帝王》)

(3)牛一、豚一。(《书·诏告》)

(4)丧车五百。(《左传·哀公十五年》)

(5)负服矢五十个。(《荀子·议兵》)

(6)买狗四枚。(《居延汉简》)

答：在古代汉语中，一般以"数词＋名词"的结构表示事物的数量，例如"一言""七窍"；有时须强调名词，则将名词提前，例如"牛一""豚一""车五百""服矢五十个""狗四枚"。在现代汉语里，"数词＋量词＋名词"的结构较为常见。

(1)从组合关系中看，现代汉语在表达数量时词序发生了变化，"数词＋量词＋名词"的顺序固定下来，除非特殊强调名词，一般数量结构不发生后置。

(2)从聚合关系中看，现代汉语中增加了量词这一词类，数词和名词结合需要量词这一中介，否则结构不能成立。如"一言"在现代汉语中要表达成"一句话"，缺少量词"句"则

"一话"不能成为规范的表达。

此外，现代汉语中许多名词与量词的搭配关系也发生了变化。如在现代汉语中"狗"一般和"只"或者"条"搭配，即"一条狗"或"一只狗"；不能与"枚"搭配。

2．"友人、友好、诤友、网友、粉友"中的"友"字用法是否相同，分析"友"在汉语发展过程中意义和用法的变化。[北京语言大学2011年研]

答："友人、友好、诤友、网友、粉友"中的"友"字用法不同。

(1)"友"在汉语发展过程中意义的变化

"友"，原义指"和人关系好"等意义，后指"关系好的人"，词义发生了转移。

(2)"友"在汉语发展过程中用法的变化

"友"字用法的变化一是使句法功能更为确定，原来可以置于偏正结构中作定语，如"友人"，也可以置于联合结构中，如"友好"，现在主要置于偏正结构中作中心成分；二是使词类界限更为清楚，原来可以作形容词、名词，现在主要作名词，如"诤友""网友""粉友"中"友"作中心成分。

五、简答题

1．在语言的各个组成部分中哪个部分的发展最有规律，为什么？[南开大学2011年研]

答：语言的发展变化不是均衡的、匀速的，而是不平衡的。在语言各子系统中，不同部分的发展是不一样的，相比较而言，语法的发展演变是最有规律的。

(1)语法发展最为规律的原因

①语法是语言各部分发展中速度最缓慢的，也是最稳定的，它的发展是一步步向前发展的，是自身的发展，不易受到外部语言环境的影响。

②相比较而言，词汇是最容易受到外界环境变化和影响的，语音也是随着语言环境的变化而发生变化，受到外界影响后，变化自然会受到相应的影响，不能完全呈现出自身的发展规律。

(2)语法发展规律的具体表现

语法的发展是最为规律和系统的，其变化主要表现在以下几个方面：

①从演变的表现看，语法的演变表现在组合规则和聚合规则。

②从演变的方式看，可将语法演变的规律分为类推、结构的重新分析和语法化三种。

总之，语言的各要素中，语法是最不易受到外界语言环境影响的部分，是最稳定的，也是依据自身规律渐渐发展的，是语言各要素中发展最有规律的。

2．什么是语音对应关系，以汉语为例说明。[北京语言大学2011年研]

相关试题：语音对应关系[名词解释，中国人民大学2018年研]

答：参见本章复习笔记。

六、论述题

1．中古全浊声母到现代汉语发生了什么变化？请以此为例说明语音演变的规律特点。[北京大学2010年研]

相关试题：

(1)语音演变的特点。[北京大学2013年研]

(2)请以汉语古今声调演变为例说明语音演变的规律特点。[简答题，中南大学2011年研]

(3)论述语音演变的规律性。[北京大学2018年研]

(4)简述语音演变的不平衡性。[简答题，西北大学2018年研]

答：(1)中古全浊声母发展到现代汉语的演变

“清-浊”是中古汉语的一对区别特征，后来浊音这个区别特征在很多方言中消失了，影响涉及全部浊音。“浊音”这一区别特征的消失使原来的浊音与同部位、同方法的清音合并。清擦音没有送气与否的区别，浊擦音的来归，不发生送气的问题；清的塞音和塞擦音都有送气与不送气两种，浊音来归。

从理论上说有以下四种可能：全归送气；全归不送气；仄声归送气、平声归不送气；平声归送气、仄声归不送气。汉语北方话选择的是第四种办法，即把原先浊音中的仄声特征同不送气特征结合起来，平声特征同送气的特征结合起来。这样，原来的浊音就发生了如下的分化：

(仄)p	步部备倍	(平)p^h	蒲菩爬皮
(仄)t	杜道豆但达	(平)t^h	徒桃头谈
(仄)k	共柜	(平)k^h	狂逵
(仄)ts	字造赠	(平)ts^h	慈曹层

其演变的规律可表述为：

①浊擦音和同部位、同方法的清音合并。

②浊塞音和浊塞擦音在与相应的清音合并时又依声调的平仄而分为：

a. 平声的浊塞音、浊塞擦音和相应的送气清音合并。

b. 仄声的浊塞音、浊塞擦音和相应的不送气清音合并。

(2)语音演变规律的特点

语音的变化有很强的规律性，这种演变的规律性有明显的特点，表现为：

①条件性。语音演变规律要受到演变音自身或其他相邻音的限制。例如，中古汉语塞音、擦音和塞擦音都有清浊的对立；后来，浊音一律向相应的清音转化，即所谓的“浊音清化”。汉语“浊音清化”到底清化为送气还是清化为不送气，条件是看演变音自身是平声字还是仄声字，原塞音和塞擦音的平声字变为同部位的送气清音，仄声字变为同部位的不送气清音，原擦音一般变为同部位的清擦音，无送气不送气之分，即所谓的“平送仄不送”。

②时间性。语音演变规律只在一段时期中起作用，过了这一时期，即使处于同样的条件下，也不会遵循原来的规律发生语音变化。例如，古汉语中“日母”之所以没有清化，是因为它出现在“浊音清化”过程之后。中古汉语全浊声母清化过程于13世纪基本完成，而“日母”转化为与[ʂ]相对的浊音[ʐ]是13世纪以后的事，所以不再清化。因此，迄今为止，汉语普通话中还存在一对清浊相对的声母，即[ʂ]与[ʐ]。

③地域性。语音演变规律只在一定地域中起作用，在此地发生的音变不一定在彼地也同样发生。例如，上古汉语和中古汉语都有-m、-n、-ŋ这三个鼻韵尾，发展到普通话，-m尾并入-n尾了。但是，这条规律在地域上受到限制，在粤方言、闽方言、客家方言里并未起作用，在这些方言里至今还保存着-m韵尾。

2. 什么是语法演变中的“类推”变化？它有哪些重要特点？[中南大学2010年研]

相关试题：分析语法发展中的类推作用。[简答题，南京师范大学2018年研]

答：(1)语法演变中的“类推”变化

参见本章复习笔记。

(2)语法演变中的“类推”变化的重要特点

①结构规则类比推广的过程

语法类推是一种结构规则类比推广的过程，在这一过程中说话人是有意识地将新的规则类推到更多的词语或句子上去的。如古英语大多数动词的过去分词是取元音交替的强式模式，但也有少数动词的过去分词是加 - ed 的弱式模式。在语言运用的过程中，人们有意识地将弱式动词的规则推广运用于强式动词，使强式动词按照弱式动词的变化规则变化。

②具有一定的顺序性

在语法类推演变中，符合语法变化条件的词或句子是依次变化的，并非一起变化。例如，古英语中动词词根取强式变化的大约有 300 多个，到中古英语早期(12、13 世纪)其中约三分之一出现了弱式变化，如 stepped，published 等都在这一时期出现；到现代英语早期(16 世纪)又有 bide，crow，crowd，flay，mow，dread，sprout，wade 等一批词由强式变为弱式；到现在，英语动词词根取强式变化的还剩 60 余个。

③新旧模式共存阶段

在语法类推演变中，变化的语词大多经过一个新旧模式共存的阶段。例如，中古英语早期许多动词都是强式和弱式变化两种形式共存。在现代英语仍取强式的 60 余个动词中有 10 余个是强式和弱式并存，如 light - lit - lit 与 light - lighted - lighted 共存。

④留有推不平的“山头”

语法类推演变往往留有推不平的“山头”。例如，英语动词弱式替代强式的类推已进行了千余年，至今仍有 60 余个词根取强式变化。类推变化推不动的“山头”都是使用频率极高的常用词，如 is，do，go 等。

3. 你怎么理解语法化的等级序列？你认为语法化对词的多义理解有什么启发？［中国人民大学 2017 年研］

答：(1)语法化的定义

参见本章复习笔记。

(2)语法化的等级序列

语法化在其演变过程有等级的序列，由语法化较低一端向较高一端转化。语法化的等级序列为：实词 > 语法词 > 黏附成分 > 屈折成分，这一序列包含了词汇义、语用义、词法句法、语音等多个方面的变化。

(3)语法化对词的多义理解的启发

①语法化有助于解释词的多义现象。词在语法化的过程中，词汇义由具体渐至抽象，由表达词汇义变为表达语用义等。例如，介词“把”“被”在上古汉语中都是动词，本义是“用手拿着”“披着”，中古以后才成为虚词，所以一个词的多个义项可能是语法化的过程中分化出来的，后来经过演变，部分义项可能被新造的词所承担。

②语法化对词以后的发展具有一定的解释力和预测性，包括词义的分化，词性的改变以及新词的产生。例如，“给”原是一个动词，但是随着汉语双音节化趋势的加强，“给”经常跟在动词后面，后加一个宾语或者双宾语，形成一个类似于介宾的词组作为动词的补语，但同时“给”在目前还可以单独作为一个动词接宾语构成动宾短语。从这个现象可以看出“给”正在经历一个语法化的过程，“给”字可能经过语法化发展为介词，而它的动词所代表的意义由其他新词承担。

